SÓCRATES E THOMAS MORE

GABRIEL CHALITA

SÓCRATES E THOMAS MORE

CORRESPONDÊNCIAS IMAGINÁRIAS

Planeta

Preparação: Gabriela Ghetti
Revisão: Tulio Kawata
Diagramação: SGuerra Design
Capa: all4type.com.br

CIP-Brasil. Catalogação-na-fonte
Sindicato Nacional dos Editores de Livros, RJ

C426s

Chalita, Gabriel Benedito Isaac, 1969-
Sócrates e Thomas More : correspondências imaginárias / Gabriel Chalita. -
São Paulo : Planeta, 2011.
23 cm

ISBN 978-85-7665-721-7

1. Filosofia - Ficção. 2. Ficção brasileira. I. Título.

11-5566. CDD: 869.93
CDU: 821.134.3(81)-3

2011

Editora Planeta do Brasil Ltda.
Avenida Francisco Matarazzo, 1500 – 3º andar – conj. 32B
Edifício New York
05001-100 – São Paulo – SP
www.editoraplaneta.com.br
vendas@editoraplaneta.com.br

Para Michel Temer

Palavras introdutórias

Este é um livro ficcional. Uma obra do gênero epistolar.

Dois amigos trocam correspondências e, aos poucos, revelam as angústias diante das cenas cotidianas. Falam de política, de poder, de vida. Falam de desânimo e de esperança. Alternam-se na arte de tentar convencer de que o espaço político precisa ser ocupado para que o mundo possa ser melhor. Temem mais o julgamento da consciência do que o dos julgadores apressados.

Seus nomes remetem a dois gigantes da história, Sócrates e Thomas More. Antes de tais correspondências, apenas breves considerações sobre a vida desses filósofos, inspiradores, na construção de meus dois personagens.

Sócrates

Sócrates foi um filósofo grego. O primeiro pensador de Atenas. Sócrates, Platão e Aristóteles formaram a trilogia clássica dos gregos. Sua importância foi tão grande que os filósofos que o antecederam ficaram conhecidos como "pré-socráticos". A filosofia pré-socrática se deu principalmente nas províncias jônicas da Grécia, e não em Atenas. Alguns de seus mais importantes expoentes foram Tales de Mileto, Anaximandro de Mileto, Heráclito de Éfeso e Parmênides de Eleia.

Não se tem notícia de textos escritos por Sócrates. O que se sabe sobre ele provém, de modo geral, de obras de Platão, seu discípulo; de Xenofonte (especialmente em *Dizeres admiráveis de Sócrates*) e de Aristóteles (embora este não tenha sido contemporâneo de Sócrates).

Nasceu em Atenas, Grécia, em 470 a.C.; faleceu na mesma cidade, em 399 a.C. Seu pai, Sofronisco, era escultor. Sua mãe, Fenareta, parteira. Era uma família humilde.

Casou-se com Xantipa, de difícil temperamento, segundo o biógrafo grego Diógenes Laércio. Desse relacionamento, nasceu Lâmprocles. Teve, ainda, outra esposa, Mirton; não se sabe ao certo, mas acredita-se que Sócrates era casado com as duas simultaneamente – por conta de um decreto excepcional, que tinha como objetivo repovoar Atenas, depois das perdas humanas em guerras (permitindo, assim, que os cidadãos pudessem ter uma segunda esposa e, com ela, ter filhos). Com Mirton, teve Sofronisco e Menéxenes.

Seguiu, a princípio, a profissão do pai. É possível que, ao longo da vida, ainda a tenha exercido (mesmo que esporadicamente), pois não possuía outra fonte de renda, visto que não recebia por seus ensinamentos.

Atuou no exército ateniense, nas guerras contra Esparta (432 a.C.) e contra Tebas (424 a.C.).

Presente no Metropolitan Museum of Art, em Nova Iorque, uma estátua de Sócrates caracteriza-o calvo, com a barba pouco crescida e com o nariz levemente largo. Era um homem robusto, praticante de ginástica. Tinha o hábito de andar de túnica e descalço; consta que não se banhava com frequência.

Certa vez, o Oráculo de Delfos[1] disse a Querofonte, amigo de Sócrates, que este era o mais sábio dos homens. Naquela

[1] Localizado na costa sul do monte Parnaso, na região central da Grécia, era o principal templo do deus Apolo, que se manifestava por meio da sacerdotisa Pítia – ou Sibila.

época, com cerca de 40 anos, Sócrates ficou intrigado com a afirmação e decidiu questionar os cidadãos atenienses, para entender o porquê de ter sido considerado o mais sábio. Chegou à conclusão de que isso se devia ao fato de ele, ao contrário dos outros, ter consciência da própria ignorância. É de Sócrates esta famosa frase: "Só sei que nada sei".

Foi discípulo de Anaxágoras, de Damon e de Arquelau, o Físico. Diferentemente dos filósofos jônicos e dos sofistas – que também circulavam em Atenas –, Sócrates desenvolveu uma filosofia própria, focada no ser humano.

Defendeu a inteligência como algo inerente à espécie humana. Todo homem é dotado dela. O papel do mestre era apenas o de "fazer nascer" essa inteligência, tal qual sua mãe fazia como parteira, quando trazia ao mundo as crianças, que já estavam prontas. O conhecimento é como o "parto das ideias".

Sua atividade filosófica era exercida por meio do diálogo, que consistia em duas etapas. Na primeira, denominada ironia, o filósofo levava o interlocutor a apresentar opiniões a respeito de um determinado assunto; depois, ao envolvê-lo na estrutura confusa de suas próprias afirmações, trazia à tona toda a sua ignorância. Em tal fase, Sócrates fingia desconhecer o tema tratado, para que pudesse questionar o interlocutor e fazê-lo cair em contradição – afinal, essa era a forma de levá-lo a entender o quanto era ignorante. Na segunda etapa do diálogo socrático, a maiêutica (ou "parto das ideias"), o filósofo instigava o interlocutor a reelaborar seus conceitos, para, a partir daí, adquirir, de fato, uma existência autêntica, original.

Sócrates aplicava seu diálogo a qualquer homem, jovem ou adulto, inclusive aos escravos, normalmente desprovidos de instrução (conta-se que, certa vez, levou um escravo a demonstrar o teorema de Pitágoras). De acordo com Xenofonte, sempre se podia encontrá-lo onde havia mais gente, falando e sendo ouvido.

Enquanto muitos o consideravam sábio, outros o ridicularizavam e chegavam a machucá-lo; passava por tudo, porém, com paciência. Diz-se que era bastante sereno e bem-humorado.

Determinou, sem que quisesse, um verdadeiro marco na filosofia, uma vez que, por conta dele, convencionou-se falar em "pré-socrático", como já exposto, e em "pós-socrático".

Durante o regime dos Trinta Tiranos, criado por imposição do general espartano Lisandro, elegeu-se senador. Porém, ao tomar conhecimento do terror a que os cidadãos eram submetidos, decidiu renunciar ao cargo.

Alegando impiedade (por desrespeito aos deuses e à religião) e o fato de Sócrates induzir os jovens a se comportarem de maneira imprópria, cidadãos de Atenas acusaram oficialmente o filósofo, que foi levado a um tribunal. Ali, Sócrates fez a própria defesa, declarando-se inocente. No entanto, apesar de argumentar brilhantemente, foi condenado ao envenenamento. Como se recusara a abdicar de suas ideias – condição a ele imposta para livrar-se da pena

– ou a aceitar a ajuda de amigos para fugir, por considerar essas atitudes desonrosas (era, afinal, um defensor da verdade, do bem e da justiça), foi morto por meio da ingestão de cicuta, veneno extraído da planta de mesmo nome.

Platão, na obra *Apologia de Sócrates*, apresenta diálogos que se deram durante o julgamento do filósofo. Estas são algumas das afirmações de Sócrates:

"Não tenho outra ocupação senão a de vos persuadir a todos, tanto velhos como novos, de que cuideis menos de vossos corpos e de vossos bens do que da perfeição de vossas almas, e a vos dizer que a virtude não provém da riqueza, mas, sim, que é a virtude que traz a riqueza ou qualquer outra coisa útil aos homens, quer na vida pública, quer na vida privada. Se, dizendo isso, eu estou a corromper a juventude, tanto pior; mas, se alguém afirmar que digo outra coisa, mente."

"Ora, o homem (Meleto) propõe a sentença de morte. Bem; e eu, que pena vos hei de propor em troca, atenienses? A que mereço, não é claro? Qual será? Que sentença corporal ou pecuniária mereço, eu que entendi de não levar uma vida quieta? Eu que, negligenciando o de que cuida toda gente – riquezas, negócios, postos militares, tribunas e funções públicas, conchavos e lutas que ocorrem na política, coisas em que me considero de fato por demais pundonoroso para me imiscuir sem me perder –, não me dediquei àquilo a que, se me dedicasse, haveria de ser completamente inútil para vós e para mim? Eu que me entreguei à procura de cada um de vós em particular, a fim de proporcionar-lhe o que declaro o maior dos benefícios, tentando persuadir cada um de vós a cuidar menos do que é seu do que de si próprio, para vir a ser quanto melhor e mais sensato, menos dos interesses do povo que do próprio povo, adotado o mesmo princípio nos demais cuidados? Que sentença mereço por ser assim? Algo de bom, Atenienses, se há de ser a sentença verdadeiramente proporcionada ao mérito; não só, mas algo de bom adequado a minha pessoa. O que é adequado a um benfeitor pobre, que precisa de lazeres para vos viver exortando? Nada tão adequado a tal homem, Atenienses, como ser sustentado no Pritaneu;[2] muito mais do que a um de vós que haja vencido, nas Olimpíadas, uma corrida de cavalos, de bigas ou quadrigas. Esse vos dá a impressão da felicidade; eu, a felicidade; ele não carece de sustento, eu careço. Se, pois, cumpre que sentenciem com justiça e em proporção ao mérito, eu proponho o sustento no Pritaneu."

"Não foi por falta de discursos que fui condenado, mas por falta de audácia e porque não quis que ouvísseis o que para vós teria sido mais agradável, Sócrates lamentando-se, gemendo, fazendo e dizendo uma porção de coisas que considero indignas de mim, coisas que estais habituados a escutar de outros acusados."

---

[2] Centro cívico e religioso, de grande importância; Sócrates, ao que tudo indica, propondo essa pena, tinha a intenção de confrontar o júri.

"Mas eis a hora de partirmos, eu para a morte, vós para a vida. Quem de nós segue o melhor rumo, ninguém o sabe, exceto o deus."

O Sócrates da minha história é um camponês.

Thomas More

Sir Thomas More (ou "Morus", em razão da latinização de seu nome) nasceu no dia 7 de fevereiro de 1478 e faleceu em 6 de julho de 1535, em Londres, Inglaterra.

Formou-se em direito. Atuou em diferentes profissões (como advogado, diplomata, escritor, subxerife de Londres); entrou para o conselho de Henrique VIII em 1517.

Era filho do juiz John More, nomeado cavaleiro por Eduardo IV, e de Agnes Graunger. Casou-se com Jane Colt, com quem teve Margaret, Elizabeth, Cecily e John. Mais tarde, após a morte de Jane, casou-se com Alice Middleton.

Descrito como um homem de bom humor, caseiro e dedicado à família, incentivou todos os filhos a aprenderem latim, grego, lógica, astronomia, medicina, matemática e teologia. Dedicou-se, por certo tempo, à cátedra universitária.

Sua obra mais importante é *Utopia*, de 1516. A primeira parte do livro apresenta uma reflexão sobre a situação política e social da Inglaterra no início do século XVI, época em que o absolutismo se consolidava e começava a tornar particulares terras antes exploradas coletivamente. Na segunda parte da obra, o personagem Rafael Hitlodeu narra que, em uma de suas viagens com a expedição de Américo Vespúcio, conheceu a ilha que dá nome ao livro. Nesse reino imaginário – que tem como capital Amauroto, palavra de origem grega que significa "cidade que se esvanece" –, os habitantes vivem de forma ideal: não há propriedade privada; todos possuem as mesmas condições de vida; não existe divisão do trabalho (as pessoas se revezam na agricultura e no artesanato) e este dura apenas seis horas por dia; os sacerdotes e os literatos têm lugares especiais reservados; há diferentes crenças, e todos as respeitam; não se vê avidez por dinheiro, e os moradores cultivam hábitos saudáveis.

A utopia foi um marco na história da filosofia, contrapondo-se a conceitos de realismo político. More queria, talvez, com sua obra, que os cidadãos de seu tempo não se acomodassem perante as situações de tirania e que ousassem imaginar outra forma de convivência humana.

Era leitor dos textos de Santo Agostinho. Por recomendação do sacerdote John Colet, seu guia espiritual, seguia rigorosamente um plano de práticas religiosas.

Escreveu uma obra bilíngue, em latim e em inglês, sobre Ricardo III, na qual Shakespeare, mais tarde, possivelmente se baseou para criar a peça que leva o nome do rei. Grande amigo de Erasmo de Roterdã, outro utopista, teve a ele dedicado o livro *Elogio da loucura*.

Envolve-o um dos mais polêmicos episódios do reinado de Henrique VIII: como Thomas Wolsey, arcebispo de York, não conseguira anular o casamento do rei com Catarina de Aragão, More – que já servia ao chefe de Estado, do qual se tornara, inclusive, confidente – foi nomeado chanceler em seu lugar. Católico fervoroso, apoiador da Santa Sé (esta, contra a anulação do casamento, devido à doutrina da indissolubilidade do matrimônio), ele renunciou ao cargo, para não trair suas convicções. Mais tarde, Henrique VIII, a fim de resolver a questão da anulação e, assim, poder casar-se com Ana Bolena, rompeu com Roma e conferiu a si a posição de líder da Igreja na Inglaterra; nascia, dessa forma, a Igreja Anglicana.

Com o Ato de Sucessão, aprovado pelo parlamento inglês, More foi convocado a fazer um juramento – reconhecendo, entre outras questões, a legitimidade de qualquer filho ou filha que fosse fruto da união de Henrique VIII com Ana Bolena. Isso se deu em caráter excepcional, visto que More não ocupava mais um cargo público. Como se recusara a fazê-lo, sem apresentar as razões para tanto, foi preso na Torre de Londres.

Julgaram-no e decapitaram-no. Teve a cabeça exposta por um mês, antes de sua filha Margaret recolhê-la.

Por ser um exemplo de fidelidade à Igreja e por levar uma vida correta, foi reconhecido mártir, beatificado e canonizado, pelo Papa Pio XI. O dia de São Thomas More é 22 de junho.

Em 2000, foi declarado Padroeiro dos Políticos, pelo Papa João Paulo II.

Aqui, estão reproduzidos alguns trechos do livro *Utopia*, obra-prima de More:

"Há uma arte comum a todos os utopianos, homens e mulheres, e da qual ninguém tem o direito de isentar-se: é a agricultura. As crianças aprendem a teoria nas escolas e a prática nos campos vizinhos da cidade, aonde são levadas em passeios recreativos. Aí, assistem a trabalhar e trabalham também, e esse exercício traz, ainda, a vantagem de desenvolver as suas forças físicas. Além da agricultura, que, repito-o, é um dever imposto a todos, ensina-se a cada indivíduo um ofício especial. Uns tecem a lã ou o linho; outros são pedreiros ou oleiros; outros trabalham a madeira ou os metais. São esses os principais ofícios."

"O ouro e a prata não têm, nesse país, mais valor do que lhes deu a natureza. Esses dois metais são ali considerados bem abaixo do ferro, o qual é tão necessário ao homem quanto a água e o fogo. Com efeito, o ouro e a prata não têm nenhuma virtude, nenhum uso, nenhuma propriedade cuja privação acarrete um inconveniente natural e verdadeiro. Foi a loucura humana que pôs tanto valor em sua raridade."

"Desejo, do fundo da alma, a todos os países, uma república semelhante à que vos acabo de descrever... Porque nela todos os germes da ambição, do facciosismo, foram extirpados com os demais vícios.

Desde então, o Estado não teme as discórdias civis que aniquilavam a potência e a riqueza de tantas cidades. A união dos cidadãos, sendo, assim, fortemente consolidada no interior, a excelência e a solidez das instituições defendem a república contra os perigos de fora. A inveja reunida de todos os reis vizinhos seria impotente para abalar e perturbar o império; já o experimentaram, muitas vezes, e, todas as vezes, viram seus projetos desmoronar."

O Thomas More da minha história é um professor.

Se há algo que me inspira nas
conversas que tenho por aí, é o intento
amoroso de semear dúvidas.

Primeira correspondência

Prezado Thomas,

Tomei a liberdade de lhe escrever esta carta porque li os textos que você tão gentilmente me enviou. Confesso, inclusive, que os li várias vezes. Sua vida é cheia de experiências fascinantes, penso eu. Isso porque acredito que tudo o que escreve é fruto de suas experiências. Acho que a criatividade não é uma matéria desconectada da vida. Mesmo na ficção, o autor se baseia nas impressões que os sentidos lhe emprestam. Gosto de dar vazão às minhas impressões. Gosto de esperar o tempo da gestação, sem interrupções. O calendário não me faz servo. O tempo – ora, o tempo –, eu converso com ele e sempre chegamos a um acordo.

Tenho de lhe fazer uma confissão. Este texto é algo inédito para mim. Na verdade, eu nunca havia escrito cartas a alguém. Sempre fui mais das palavras ditas. Ah, e também das pensadas. Essas são as melhores. Não são dúbias, não ferem, não comprometem.

Aparentemente, temos poucas coisas por aqui. É certo que a natureza é exuberante e que não há cansaço algum em contemplá-la. Basta estar por perto e sem pressa (coisa que não há por que se ter) que somos surpreendidos. É exatamente isso. Um vegetal que seja. Uma flor. Só para acompanhar seu progresso diário, já vale a pena acordar. Há coortes de pássaros e de insetos diante da formosura e das delícias que ela proporciona. Apenas uma flor, e dias são tomados. E experiências são acumuladas. Por aqui, há muitas flores e árvores e rios e animais de todos os tamanhos e de todas as cores. E há água. Muita água. É bom de beber. Bom de banhar. E bom de pensar.

Tenho a impressão – pode ser que eu esteja errado, longe de mim ter verdades absolutas – de que vocês pouco observam o muito que têm. Sei disso pelo que se fala, por aqui, de quem já esteve aí. E, lendo o que você me enviou, fiquei um pouco surpreso com as suas confissões. Achei corajoso. Não se tratava de uma carta entre amigos. De um segredo nosso. Aliás, espero receber uma correspondência que seja feita para mim. Não me entenda mal, mas prefiro isso a textos genéricos. Estou tratando-o por amigo. Até porque suas duras experiências na política podem lhe trazer a falsa impressão de que não há amigos.

Dia desses, em uma conversa despretensiosa – aliás, essas conversas são as melhores –, eu tentava argumentar com um neopai que era necessário que ele explicasse ao filho que o ser humano é bom. O pai dizia, até com certa arrogância, que isso seria a desconexão entre o discurso e a prática. O que se vê, insistia ele, está muito longe de qualquer ato de bondade. Ele viveu não sei que tipo de experiência. Sofreu, decerto. Não sei bem, porque ele pouco falou da própria vida. Falou mais da ausência de vida.

Acredito que um dos primeiros passos para compreender a vida seja falar sobre ela. Claro que com cuidado. Há muitos que não têm o sentido do ouvir. E quem padece desse sentido ouve o que quer e, o pior, interpreta sem filtro. E, como se não bastassem os desconcertos próprios, ainda ensina o que não sabe. Oferecer conferências sobre a vida dos outros é sempre muito perigoso. Não se conhece um pântano apenas por ouvir dizer, tampouco por uma ou por duas visitas. Aliás, nem mesmo os frequentadores assíduos têm a garantia de que não se surpreenderão.

O pântano é dinâmico. Há visitadores que expulsam moradores. E, quando se visita novamente, percebe-se, se essa for a finalidade, que os invasores é que tomaram conta. Mas, com certeza, há equívocos. Como saber a verdade sobre o morador original? Certamente, os invasores não se apresentarão como invasores. E, se houver a ilusão de que algum habitante mais velho possa dizer quem tem mais direito, ela logo se dissipará. Os mais velhos também carecem de certeza, também estão propensos aos erros comuns da primeira impressão ou da segunda ou de quantas surgirem. Com todos esses percalços, é preciso saber a quem falar e o que falar. Não sou daqueles que se outorgam o direito de dividir o mundo entre bons e maus. Acho pouco provável que isso contribua para a compreensão da natureza humana. Esse simplismo é contraditório, com a complexidade que experimentamos. Bom e mau? Apenas isso? E quem decide?

Fico, às vezes, espiando um gato que mora por aqui. Morador antigo. Não sei precisar sua idade. Penso que não seja tão novo, mas, seguramente, não é muito velho. Digo isso porque os movimentos, quando assim ele decide, são muito ligeiros. Se fosse um gato velho, talvez preferisse o ronronar tranquilo de um canto qualquer. Comida não lhe falta, nem companhia, embora eu tenha a impressão de que ele prefira momentos solitários à algazarra de vozes que digam pouco. Ele não bebe atabalhoadamente a água. Parece que a analisa primeiro. Fica tempos a examinar o mesmo ponto ou talvez se disperse olhando para algum lugar cujo significado inexiste. E, por isso, não percebemos que ele olha para dentro de si. O que não é tarefa fácil, até porque, quando olhamos para nós mesmos, encontramos paisagens que não nos divertem. Muito jovem ele não é. Sei disso porque não é de hoje que o vejo. E ele mantém de mim certa distância. Talvez, por isso, consigamos conviver por tanto tempo. Eu não o perturbo e ele tampouco tira minha paz. Temos, inclusive, a capacidade de ficar juntos por um longo tempo sem emitir nenhum som. O silêncio acompanhado é quase sempre prazeroso. Digo "quase sempre" porque há casos em que o barulho interno é tão perturbador que o silêncio externo não diz nada.

Gosto de caminhar. Esse foi um dos presentes extraordinários que o Criador nos deu. Caminhar. É extraordinário, mesmo se revelando ordinariamente. Eu caminho todos os dias. Todos os dias, decido para onde quero ir. Escolho. Permito-me conversar, caminhando com outros caminhantes ou sozinho. Converso sobre o passado. Gosto das recordações. Aí está um grande segredo, recordar. Quase tudo já aconteceu de outra maneira. Mas já aconteceu. Recordar é retomar o aprender. A insistência nos mesmos erros é ocasionada pela falta de recordação. Os erros podem nos viciar. Recordar é olhar a distância nossa própria história e a história dos outros. O gato que mora por aqui me dá a impressão de que sabe dessas coisas. Talvez, pela forma com que olha; talvez, pela forma com que se senta. Não sei. Há muitas coisas que surgem de alguma impressão e que não se explicam. É por isso, amigo, que é preciso convidar esta senhora, a dúvida, a comer conosco, desde a primeira refeição até a ceia. É ela que nos encoraja e, ao mesmo tempo, nos desconcerta. É ela que nos espia, felinamente, e nos diverte, se estivermos abertos às diversões. É uma boa companhia. Digo "senhora" não por ser uma anciã, essa que chamo "dúvida". É, certamente, uma menina. Mas merece tratamento respeitoso. É senhora porque seu senhorio se faz essencial a quem quer aprender. Se há algo que me inspira nas conversas que tenho por aí, é o intento amoroso de semear dúvidas.

Sou um camponês, um homem de sementes e de terra. É disso que tento entender, duvidando sempre se não se faz necessário olhar ao longe para compreender melhor, recordar para errar menos, conviver com gatos e com gentes. Gentes ilustres como o senhor, meu respeitado professor.

Cordialmente,

Sócrates

A honestidade se percebe nesses momentos, quando não há testemunhas. Fazer o que é correto por medo das consequências é a forma mais frágil de ser correto.

Segunda correspondência

Prezado Sócrates,

Que agradável surpresa receber sua correspondência. Nosso encontro foi inesperado e, como tantos encontros inesperados, poderia ter terminado tal qual começou. Aliás, é essa a lógica da vida. Encontros e despedidas. Chegadas e partidas. Dualidade. Você disse que não gosta do dualismo do bem e do mal. Talvez tenha razão, embora eu possa lhe garantir que já encontrei na vida muita gente do mal. Gente que não tem os dois lados. Do mal. Com essa ênfase curta. Gente de cujo caráter não se aproveita nada. Gente que trai com um sorriso de pseudobondade e faz troça dos outros.

Amigo – já que você me autorizou a tratá-lo assim –, talvez minha experiência me empreste um direito de constatações que eu não teria se não houvesse vivido as tramas mesquinhas do poder. Sou professor e lancei-me na política com algum sucesso. Cheguei mais longe do que imaginava

– e talvez por isso tenha me decepcionado tanto com a natureza humana. A busca pelo poder enfeia as relações. Tornamo-nos todos descartáveis. Vi cenas desagradáveis de gente que eu considerava agradável.

E não estou falando apenas dos políticos. Estou falando das gentes. Quer um exemplo banal? Certa vez, um carro bateu no meu. Uma marcha à ré com descuido e o estrago estava feito. Com muita elegância, desci do carro e fui ter com o motorista. Ele desculpou-se, temendo que eu tivesse uma reação mais agressiva. Como fui muito educado, até porque a batida já havia ocorrido, ele não se constrangeu em afirmar para a autoridade policial que o erro fora meu, que ele não havia dado marcha à ré; disse ao policial que verificasse o câmbio do carro, que este estava na mesma posição de quando eu, distraidamente, o acertara. Eu me imaginei em um sonho. A versão era absolutamente mentirosa, não só do ocorrido, mas também do assumido minutos antes da chegada do policial. Eu fiquei, a princípio, descontrolado, e o policial me fitava como se o meu desespero quisesse esconder o meu erro. E o transgressor, calmamente, sugeria que eu dissesse a verdade. Que verdade?! Eu gritava mais. Cheguei a ameaçá-lo, quando o policial me advertiu que, além dos danos materiais, eu teria de arcar com um farto pagamento pelos danos morais. Danos morais? Ora, vejam! Vamos, então, premiar um falsário? Vamos recompensar mais um desonesto? E eu tive, amigo, de silenciar e de sofrer pela natureza humana. Paguei. O policial não tinha culpa. A culpa estava na ausência de provas. Estávamos apenas nós, e mais ninguém, quando do ocorrido.

A honestidade se percebe nesses momentos, quando não há testemunhas.

Fazer o que é correto por medo das consequências é a forma mais frágil de ser correto. E há tantas pessoas que se vangloriam de correção por falta de testemunhas de seus deslizes morais... Vi isso na política e, também, nas igrejas e, também, no mundo dos negócios. A ordem é para que se faça o que se quiser, desde que ninguém descubra. Se a ação indesejável vem a público, o que se tem a fazer é destruir o autor da ação, sem comiseração alguma, mesmo que a ação incorreta tenha sido e continue sendo praticada por tantos outros. Enquanto não forem descobertos, prosseguirão incólumes na destruição dos valores morais. Os que são vitimados, não pela ação, mas pela publicização da ação, esses servirão de exemplo. É a instituição que tem de dar conta de haver agido com rigor.

Quanta hipocrisia, prezado Sócrates. Quanta imoralidade na injustiça. Quanta mentira com assento garantido em esferas diversas de poder. Não posso ser conivente com isso. Discursos e mais discursos. Preconceitos. Exposição pública dos erros dos outros. E nada mais. Desconexão entre o dizer e o fazer. Desconexão entre o julgar e o conviver com os mesmos erros dos outros, atrás das cortinas.

Não quero parecer pessimista, mas faça uma pequena análise das instituições que você conhece. Olhe com vagar a atitude de seus líderes. Tente ouvir além dos discursos. Tente ver além da fotografia. Sobra muito pouco, amigo. E, além disso, são todos treinados para acompanhar e para torcer pela queda dos outros. É como um filho que vê a morte do pai e se entusiasma com a herança que poderá administrar, sem ter a necessidade de justificativas. É como um acidentado que se salva. Apenas ele. É um vitorioso em meio aos que se foram. Parece-me que os sentimentos de compaixão passam longe. O poder é assim, revela o que há de pior no ser humano. E é por isso que, por mais que eu tente voltar à minha utopia, não consigo. O convívio mostra que os sonhos são bonitos quando estamos adormecidos. E há muita gente que prefere viver assim, adormecida. Basta acordarmos. Basta o pequeno esforço de abrir os olhos – na verdade, não sei se, de fato, é um esforço pequeno –, e o sonho perde-se em algum lugar.

Você precisa vir mais à cidade. Se quer conhecer a natureza humana, precisa vir à cidade. Posso acompanhá-lo. Não quero induzi-lo com minhas decepções. Conheça-a por você mesmo. Tire suas próprias conclusões. Mas não queira interpretar o mundo sem estar dentro dele. É de dentro que se veem os detalhes. É de perto que se percebe a maquiagem. Ao longe, nada de saliências nem de defeitos. A maquiagem é enganadora, meu amigo.

Conheci, há não muito tempo, um modelo perfeito de família. Um casal em harmoniosa convivência. Três filhos, obedientes e educados. Estivemos juntos algumas vezes.

E eu me impressionava com as atitudes de cavalheiro daquele homem. Os desejos da amada estavam, hierarquicamente, acima dos seus próprios. Os filhos eram sua razão de viver. Um homem que só via sentido no trabalho e na família. E nada mais. Em um ou outro jantar, ouvi dele reflexões sobre conhecidos comuns. Desconfiança de atitudes pouco recomendáveis. Ele era um moralista. Eu fiquei um pouco incomodado com tantos comentários sobre ausentes, mas confesso que não tive muita disposição em contrariá-lo. A mulher, sempre ao seu lado. E os filhos pouco falavam. Pois bem, viajamos juntos. E, aí, a máscara caiu. Bastaram quatro dias para ver o inferno em que aquela família perfeita vivia. O descaramento do homem, ao me convidar para conhecer mulheres, depois de tantas críticas aos outros. Seu fôlego para a bebida e para o jogo, o prazer acima de qualquer coisa. Enquanto isso, a mulher esperava. Enquanto isso, os filhos agrediam-se. Enquanto isso, a maquiagem derretia-se, revelando a face esburacada. Brigavam ininterruptamente. Resolvi intervir quando o vi agredindo a própria mulher. Fisicamente. E os dizeres de antes? E os comentários sobre homens sem caráter e sobre mulheres vulneráveis? Discursos. Parti enojado. Não terminei a viagem. Acordei em uma madrugada qualquer, deixei um bilhete, desculpando-me da necessidade da partida, e senti-me aliviado. Posso estar sendo injusto, mas nunca conheci um moralista radical que tivesse a prática condizente com o discurso.

Desconsidere, por favor, minha decepção com o ser humano. Ou melhor, considere o que julgar razoável. Não quero ser a razão da desistência do sonho de ninguém. Logo eu que, ontem mesmo, era um sonhador.

Quisera eu viver onde você vive. Quisera eu fazer da terra minha companheira. A terra não mente. Os animais também não. Tudo tem uma razão de ser em sua realidade. Eu estou distante. Quando se fala de homens que são perigosos como lobos, eu discordo. Os lobos são lobos. E sabemos disso. E eles não escondem o que são. Então, não é difícil deles nos prevenirmos. Quanto aos homens, meu amigo, esses, sim, são assustadores. Como saber suas intenções? Como confrontar discurso com pensamento? É evidente que alguns se enganam e, por isso, mudam de opinião, mas há tantos que pensam uma coisa e dizem outra... E é isso que eu lamento na política. E na vida.

Como disse você em sua carta, não quero também parecer o senhor da verdade. Há muitas formas de ver. Vejamos, então. Sem pressa. Talvez mudemos de opinião sobre algumas dessas verdades que, hoje, parecem definitivas. Talvez, sejam provisórias. Talvez, não. Quem sabe?

Com carinho,

More

Nascemos com a verdade e, infelizmente,
correremos o risco de perder toda uma
vida sem nos dar conta disso.

Terceira correspondência

Amigo More,

Não o vejo como um homem pessimista ou derrotista, certamente não. Vejo-o como um homem vivido, experiente. Muito mais do que eu, que poucas vezes deixei este rincão. Aqui, convivo com gente simples. Aqui, as disputas são amenas. Embora existam. Acho que é assim em todo lugar. Não quero parecer ingênuo, mas sou um incansável crente na natureza humana. Sei que há quedas, que há crimes contra a justiça e contra a bondade, mas não é essa a massa de que fomos feitos. Certamente, não. Fiquei refletindo sobre os argumentos que o levam a desacreditar uma busca altruísta pelo poder. Fiquei imaginando que o altruísmo pode ser uma forma de egoísmo também, sobretudo entre aquelas pessoas que precisam provar para si mesmas o quanto são boas. Essas demonstrações de bondade, de perfeição, certamente não contribuem para o encontro com a essencialidade. Ficamos na maquiagem, como você bem colocou.

E eu lhe pergunto: será que as maldades todas que você enumera nos acompanham desde o nascimento? O motorista que o decepcionou, por exemplo, nasceu assim? Ou alguém lhe ensinou? Ou ele, influenciado por experiências de vida, foi buscando alternativas menos nobres para solucionar seus problemas? Quem sabe?

Preocupo-me com os jovens. Eles estão por aqui também. E eu os ensino à minha maneira. Não tenho sua experiência, mas gosto de conversar com eles. Alguns são donos absolutos de seus pensamentos. Colocam-se como se o mundo fosse apenas um detalhe de suas nada modestas observações. Eu os ouço. Essa é a melhor forma. Deixar que falem. Deixar que entrem em contradição. Muitos deles esperam um embate. E eu não lhes dou esse prazer. O embate tem de nascer de encontros reais, de diálogos. Eu os provoco, amigo. Respondo quase nada. Ou melhor, faço, das minhas respostas, novas perguntas. Que cada um encontre a verdade. A verdade está dentro de nós. Não há guardião dessa verdade, ela é parte da Criação. Nascemos com a verdade e, infelizmente, corremos o risco de perder toda uma vida sem nos dar conta disso.

Quero voltar ao motorista que mentiu. Ele não foi até o interior de si, para dialogar com a verdade que há dentro dele e, assim, decidir. Agiu incontinente. Sem pensamento. Agiu para se livrar de um problema. Agiu enganando a autoridade e a si mesmo. Ninguém engana o outro e sai ileso de seu ato incorreto. O pai de família, o homem moralista que você narrou, não entende nada de verdade. Estão vivendo o que lhe ensinaram aqueles que também não percorreram o caminho do encontro necessário com a essencialidade. Antes de saber qualquer coisa, é preciso compreender que nada sabemos. Nada. Absolutamente nada.

Estamos em busca de algo. Apenas isso. Estamos em um processo de encontro com o que mora em nós.

Quanto mais consciência disso tomamos, mais aprendemos. Quanto mais aprendemos, mais consciência tomamos de que nada sabemos. Não é fantástico isso? Somos assim. Quanto mais sábios, mais sabedoria buscamos e menos arrogantes ficamos.

Veja um viajante. Quando ele parte pela primeira vez de seu recanto, conhece um lugar desconhecido sobre o qual, talvez em conversas ou em leituras, teve alguma informação. Antes da viagem, talvez tenha falado desse local e até ensinado coisas sobre esse lugar. Mas, ao chegar, ele percebe que o conhecimento anterior era muito pequeno diante da nova paisagem. E mais: ao voltar, saberá que muito ficou a ser conhecido. E, tantas vezes quantas ele puder fazer a viagem, será capaz de novas coisas aprender. Assim é a vida. Se nos lançarmos, aprenderemos. Claro que é preciso nos livrarmos do medo e da pretensão. Ah, amigo, com sua carta, fiquei imaginando quão difícil deve ter sido conviver com os pretensiosos. Eles estão por toda parte porque não viajam. Nem para fora nem para dentro de si mesmos. Não gostam dos riscos que correm os viajantes. Imagine que, depois de estudar sobre um determinado lugar, eu perceba que tudo o que aprendi é falacioso. Ou, de outra forma, imagine que eu tenha estudado outro idioma e que, ao entrar em contato, em uma viagem, com essa nova língua, eu perceba que todo o meu aprendizado e o meu ensinamento não me garantiram a comunicação que desejava. O medo do erro, o medo de que saibam que sei menos do que pareço saber. Ora, se soubesse que nada sei, não teria o medo recorrente de que descobrissem que nada sei. Até porque seria eu o primeiro a dizer com clareza que nada sei. Sou apenas um viajante – e nada mais.

Não quero dar uma explicação definitiva – longe de mim essa pretensão – aos comportamentos inadequados de tantos que lideram instituições ou pessoas. Relendo sua carta, compreendo que sua prosa não vem de um aprendizado estático. Você fez a viagem para dentro e para fora. Você viu e experimentou os desajustes no exercício do poder. Você cotejou discurso com prática. E conviveu com a hipocrisia. Triste convivência. Incômoda companhia. E eu pergunto: essas pessoas eram assim antes e o poder apenas as revelou ou elas foram transformadas quando do exercício do poder? Acredito que seja fundamental descobrirmos isso, porque, se elas já eram dissimuladas potencialmente, o poder nada mais fez do que lançar luzes, do que iluminar o que, na escuridão, já era feio. Se, ao contrário, eram pessoas boas e foram corrompidas pelo poder, nossa tarefa terá outro desafio.

Eu não sei o que é mais difícil: trabalhar com a perspectiva de que o poder revela o homem que já era pouco adepto da moral ou trabalhar com a perspectiva de que a moral e o poder não convivem. Será essa uma regra? Em um ou outro caso, pareceu-me que, pelas suas experiências, é muito raro que alguém consiga exercer o poder sem essa contaminação. Seria possível estudarmos as exceções? Se é que elas existem... Mas, se existirem, não seria esse um caminho para começarmos a compreender a natureza do poder? Eu não sei, amigo. Só sei que, se quisermos caminhar por essas trilhas, cada vez mais concluiremos que muito pouco, ou praticamente nada, sabemos. Mas, talvez, seja essa a conclusão inicial capaz de nos conduzir a algum lugar. As exceções são mais poderosas do que imaginamos. São valentes que não se deixaram conduzir por forças estranhas.

Quero voltar à minha dúvida incômoda. Na hipótese de as pessoas já estarem corrompidas quando chegam ao poder, se estudarmos as exceções, poderemos compreender como é possível encontrar pessoas não corrompidas para exercer com dignidade o poder. Na hipótese de o poder corromper, se estudarmos as exceções, poderemos compreender o que faz com que, diante da corrupção do poder, alguns valentes se mantenham fiéis a seus princípios. Será isso? Será esse um caminho possível? Eu não sei, prezado More, só sei que é preciso caminhar. Não podemos nos negar esse direito de prosseguir, por mais machucados que estejam nossos pés. Seus pés, dileto amigo, estão machucados, mas ainda são capazes de caminhar. Não permita que essas dores o paralisem. Você, eu, nós; temos o poder de resgatar a utopia perdida.

Se o continente estiver corrompido, atravessemos o mar, viajemos bravamente em busca de alguma ilha. A ilha é a exceção. E é dela que carecemos. Na ilha, talvez nossos pés ganhem nova sola para resistir. Minha proposta não é a de que permaneçamos na ilha como uma fuga para os dissabores do continente. Não. Ao contrário, a ilha há de nos proporcionar outra viagem, a interna. Viajando por aquilo que somos e pelo que desconhecemos, poderemos nos abastecer do necessário para retomar nossa viagem ao continente. Da ilha, avista-se o continente. Do continente, nem sempre se avista a ilha.

Espero não o cansar com minhas interrogações. Escrever a você, caro amigo, ajuda-me a escrever a mim mesmo. Também eu, aqui, nestes campos fechados, careço de mar e de ilha. Careço de mim.

Seu admirador,

Sócrates

Não sei onde mora a utopia; talvez eu não tenha mais idade para reencontrá-la. Sei onde moro eu. Aqui, nas cinzas da humanidade.

Quarta correspondência

Amado Sócrates,

Rejuvenesço lendo sua correspondência. Não, não se sinta ingênuo. Você não é. Pelo contrário. Você tem a sabedoria natural daqueles que não se deixam levar pelas aparências. Eu compreendo, em suas intenções, a tentativa de buscar respostas para os descaminhos humanos com outras perguntas.

Fiquei certo tempo refletindo sobre as exceções. Você tem razão. Há peixes que não se incomodam em nadar contra a correnteza. Fazem isso, entretanto, sem saber dos riscos que correm. Quanto aos homens, de certa forma, sabemos. Nadar contra a correnteza pode significar deixar de nadar, pode significar deixar de viver. E a história é rica desses tristes exemplos. Recordar. Não foi você quem disse? Recordar, amigo, aqueles que ousaram ser exceções. E o que aconteceu depois? A morte pode ser uma vitória?

Talvez sim, talvez não. Eu não sei. Só sei que, com a morte das exceções, vão sobrevivendo aqueles que não fazem o que é correto, pelo menos aos nossos olhos morais.

Há muita discussão sobre o absoluto ou o relativo da moral. Assim como há muita discussão sobre o conceito de verdade. Os relativistas preferem dizer que não há verdade, que tudo depende do olhar externo. Penso que você credite mais à intenção interna do que ao olhar externo a compreensão do que é verdade ou mentira. É a viagem que você propõe. A difícil viagem ao interior do viajante. Gosto dos seus argumentos, amigo. Gosto da sua proposta: vencer o mar e chegar até a ilha e, da ilha, enxergar o continente. Mas sem pressa. Primeiramente, estabelecer com a ilha a cumplicidade. Fazer da ilha um ideal de poder, de governo, de relação entre os viventes. E, depois, voltar ou permanecer. Quem sabe? Quem sabe o que é voltar? Quem sabe o que é permanecer? Não sei se estou sendo obscuro, mas é isso que vejo e é isso que sinto. Talvez não seja isso que eu escreva ou diga. Confesso que tenho tomado cuidado para não desestimular companheiros meus a prosseguirem, a acreditarem que é possível, a partir da ilha, mudar o continente. Confesso que não quero dizer aos outros que a exceção não tem poder de mudar a regra, exatamente porque a regra é muito mais poderosa do que a exceção. Os outros, prezado Sócrates, não por intenção de maquiagens, prefiro não contaminar com as minhas decepções. A você, abro meu coração.

Experimentei o poder e convivi de perto com os aduladores. Não me corrompi. Não acho que o poder corrompa. A corrupção vem antes. Vem no cotidiano. O poder só revela aquilo que estava adormecido ou que já acontecia em menor escala. É um ser feio que vivia no escuro e que foi iluminado. É um fogaréu em uma caverna, sem vegetação alguma, e um fogo na montanha, cheia de vegetação para ser destruída. O fogo é o mesmo, só lhe dão maior possibilidade de queimar. É assim que enxergo, sem querer fechar questão sobre o assunto. Nessas experiências com os aduladores, fui reparando quanto a falsidade tem espaço. Dizem sem nada dizer. Elogiam pela simples obrigação de alcançar a vaidade dos que se ocupam do poder. Pobres desses vaidosos. Como a vaidade tem o poder de cegar! Acreditam nos ditos que adornam os mais mesquinhos sentimentos. E é apenas isso. Vão arruinando-se por gostar da corte dos aduladores. Nem imaginam que, ao primeiro sinal de transferência de poder, vão se transferir todos os que até ontem adulavam. Vi e vivi essas experiências. Mudam os homens do poder e permanecem os aduladores. Há exceção? Talvez. Não conheci. Conheci o desprezo quando desprezei ordens erradas. Conheci o abandono quando abandonei a menor possibilidade de trair a moral que acredito não ser relativa.

Ouvi, certa vez, de um político, o discurso tosco de que as benesses do poder tinham de ser divididas. E, ao dizer que receberia propina se vultoso negócio fosse feito, afirmava estar sendo sincero e, portanto, ético; insistia que, por isso, eu deveria atender sua pretensão. Fui duro. No início, quis ensiná-lo, como faz um professor, quis refletir com ele sobre o conceito de ética. O interesse maior do bem comum. O código entre os civilizados. O não fazer ao outro o que não gostaríamos que nos fizessem. Sua intenção era desprezível, porque visava ao bem próprio, aos favores que receberia se os negócios escusos fossem realizados. Falei com paciência e encontrei surdez. Tornei-me ríspido depois da insistência e coloquei-o para fora. Corri riscos, amigo. Ele tinha padrinhos. Os interesses são mais feios do que imaginamos.

Outra vez, deixei-me enganar por um discurso sedutor, de um líder que me apresentava os sonhos de um mundo melhor, como se fosse uma exceção. Exatamente isso. Como se fosse um convite para a ilha, para um mundo em construção. Acreditei. Fui ingênuo. Parti. E, durante o início da viagem, quando ele achava que eu não teria mais condições de voltar, revelou sua face embrutecida pelos mesmos interesses mesquinhos que me motivaram a deixar o porto onde eu estava, antes de buscar o sonho na tal ilha. Não havia ilha alguma, nem sonho, nem verdade. Saí da embarcação, correndo riscos, mas cioso de que, em embarcação de safados, eu não permaneceria. E, assim, fiquei por algum tempo em uma pequena canoa, sem localizar ao certo a ilha, sem condição alguma de voltar ao continente.

E é assim com os outros que você chama de exceções. Não temos forças, amigo. O poder tem seu sistema, e seu sistema é fechado. Não há diálogos possíveis. Eu não temo a morte. Eu não temo o exílio. Temo o futuro. Quando eu ainda sonhava, imaginava um futuro feliz para a humanidade. Não sei se esses sonhos nasceram comigo ou se os aprendi com a vida. Não sei onde mora a utopia, sei que ela preencheu a minha humilde existência por algum tempo. Hoje, mora em mim a realidade nua e crua, mora o que é, e não o que deveria ser. O que deveria ser não foi, não é e, talvez, não será. Não pense que essa seja uma chama de esperança querendo reacender a vida em mim. Eu estou condenado, amigo, ao contrário de você e ao contrário dos seus. Quisera eu ser um desses jovens que conversam com você ainda sem as machucaduras da viagem. Você tem razão, há muita dor nos meus pés, dor que alcança meu coração e minha razão. Porque o machucado está nos pés, a dor está no cérebro, e o cérebro avisa ao coração que desanime. Exatamente isso, quando o coração insiste em prosseguir, o cérebro relembra as feridas ainda não cicatrizadas.

Um conhecido meu trocou a mulher por uma mais nova e rica. Deixou a outra, cujo pai perdera os bens em um empreendimento arriscado e cuja mãe padece de uma doença sem cura, de morte lenta. A mulher, que outrora foi linda, já não tem os mesmos gracejos. O cuidado com a mãe e com o pai roubou sua juventude. Meu conhecido quis outra, então. E conseguiu. Com algum esforço, levou para casa a juventude e a riqueza e enxotou as chateações. Não sei qual será o desfecho, mas fico pensando na ausência de cumplicidade, de cuidado, de, ao menos, gratidão. Meu conhecido não era ninguém quando foi acolhido por uma família que, hoje, não "merece" o mesmo tratamento. Ah, e eles têm filhos. Meu conhecido prefere deixar os filhos de lado e viver com a nova mulher, sem as amarras do passado. "É melhor esquecer o passado", pensa ele. Isso é possível? E, ainda, há outro detalhe. Na separação, ele conseguiu tirar da mulher e de sua família o pouco que havia sobrado. Confiaram nele e a ele deram uma procuração. Era o que faltava antes do golpe e da partida. E, então, Sócrates? O que você acha disso? Não vá me dizer que esse descompromisso com a felicidade alheia seja uma exceção. É assim que as pessoas agem. Se nasceram assim? Acho que não. Você tem razão. Mas ficam assim. E por quê? Eu, sinceramente, não sei.

Quer outras histórias de ausência de ética e de moral? Quer que eu lhe conte sobre dois filhos que resolveram matar os pais para ficar mais depressa com a herança? Quer que eu lhe conte sobre um marido que espancou a mulher por duvidar de sua fidelidade, enquanto ele ostentava três ou quatro amantes? Quer que eu narre a saga de uma menina que, por conta de uma conversa ou de um namoro com um jovem de uma religião diferente da do pai, foi espancada até a morte? Quer que eu diga de jovens que mataram outro jovem por este ter uma diferente orientação sexual?

Não sei onde mora a utopia; talvez eu não tenha mais idade para reencontrá-la. Sei onde moro eu. Aqui, nas cinzas da humanidade.

Não desista de mim, amigo.

More

Como o discurso é um exercício de poder, o orador que não tem compromisso com a verdade diz apenas o que o auditório individual ou coletivo quer ouvir.

Quinta correspondência

Amigo More,

Não desistirei de você, nem de mim, nem da humanidade. E, se a humanidade está cheia de cinzas, compete a nós, que ainda conseguimos enxergar, a tarefa de limpar, para que o solo que há debaixo das cinzas volte a produzir.

A natureza, em sua exuberância, surpreende-nos. Já reparou nas transformações que as estações nos apresentam? No inverno, há uma aparência de morte em algumas árvores, que, como por milagre, ressurgem na primavera. Não que o inverno não tenha sua beleza, mas falo de transformação, de aparente morte, de mudança. A mudança é necessária. E nós, homens, temos esta capacidade, a capacidade de compreender essas mudanças a partir da contemplação da natureza. Podemos ver, amigo, podemos interpretar, podemos limpar, podemos construir. Estamos no centro. Para compreender a natureza, é preciso que compreendamos a nós mesmos e, para isso, é preciso que não nos distanciemos da natureza. E, aqui, vai o certame que buscamos para, primeiramente, formar a pessoa e, depois, a política, que é feita de pessoas.

Você fala de um sistema fechado; ouso lhe propor uma reflexão sobre sistemas que, embora aparentemente fechados, escondam algumas frestas. Entremos pelas frestas. Discretamente. Imaginar que temos o poder de implodir o sistema pode parecer ingenuidade, mas por que não ir, aos poucos, conhecendo e mudando, buscando iguais? Há outros que estão com as mesmas angústias que nós. É preciso encontrá-los. É preciso fortalecê-los. E você tem experiência para isso. Eu sou apenas um andarilho destas terras, que, em muitas partes, são desabitadas. Quando não vejo ninguém, aproveito para ver a mim mesmo, refletido na natureza da qual faço parte. Sou parte da terra, sou parte das árvores, sou parte dos animais, sou um animal. Um animal que pensa. Um animal que tem inteligência para construir ou para destruir. Não acho que destruir seja parte de minha essencialidade. Destruir é negar o que sou. É como um pássaro que, por ser livre, escolha viver em uma gaiola. Ninguém faz uma escolha assim consciente do que está fazendo. Pode ser que o pássaro, ao avistar o prazer da comida que está na gaiola, encante-se e queira desfrutar esse prazer, sem saber das consequências de sua aparente escolha. Ele só vê a comida, só pensa na ração, só imagina o momento.

Somos pássaros também. Ludibriamo-nos com prazeres que, aparentemente, são eternos. E nos emporcalhamos com todo tipo de escravidão. O poder pode ser uma grande escravidão. Fazemos qualquer coisa para que a ração esteja ali. Quanto ao voo, aos poucos, vamos nos esquecendo de que é muito mais nosso. É muito mais da nossa essência voar do que comer a ração medida. Há mulheres e homens que fazem do poder essa necessidade do prazer imediato e, por isso, usam do poder para continuar no poder. Apenas isso. Sem voo. Sem horizontes. Sem sonho.

Amigo More, falemos de liberdade. Eis a nossa salvação. A liberdade. Eu provoco os jovens a quem ensino nas prosas da minha terra. Sonho que sejam livres, que não aceitem a ração medida, que não se iludam com falsas promessas. Você se iludiu. Eu também já me iludi. O discurso sedutor é um perigo. A palavra tem um poder impressionante. É preciso tomar cuidado. A ração da gaiola é mais envolvente do que imaginamos quando estamos por perto. Ao longe, é mais fácil compreender que se trata de uma armadilha. De perto, a armadilha não parece uma armadilha. E a aparência da ração nos é por demais convidativa. E, se ficarmos um tempo comendo a ração, talvez nos esqueçamos das grades que nos impedem de voar e, pior, talvez nos esqueçamos de que nascemos para voar. Talvez, um dia, se alguém nos abrir a gaiola, prefiramos ficar lá dentro, porque o temor da liberdade nos segurará na prisão. Seremos o que não somos e deixaremos de ser o que somos. É esse o perigo, meu caro, e é contra isso que temos de professar.

Você é um professor. Um professor é aquele que professa a crença na natureza humana e que não desiste de fazer nascer o que há dentro de seus alunos. É como em um parto, amigo. A parteira, o médico apenas servem de instrumentos para fazer uma vida nascer. Assim fazemos quando educamos. O conhecimento está ali, querendo nascer. A liberdade está ali, sequiosa de mostrar sua face. Não abortemos a liberdade. Não abortemos a possibilidade do conhecimento. E o mais fascinante, amigo, é saber que todos têm essa possibilidade e que ela pode ser atividade.

Você sugere, em sua correspondência, que não é o poder que corrompe, que o poder apenas revela as virtudes ou os vícios. Gostaria de ir um pouco além, concordando com você. Essa revelação da pessoa, diante do poder, parece-me maturidade ou imaturidade para o exercício do poder. Explico melhor: há pessoas que não estão maduras para exercer o poder, e isso é um perigo. Ficam rapidamente deslumbradas, não conseguem separar os aduladores dos amigos. Acabam por esquecer que o poder não é eterno nem um instrumento em benefício próprio. Somos seres racionais e sociais, e o poder faz parte dessa necessidade de convivência. E, aqui, não falo apenas do poder político, do poder daquele que governa uma cidade, um Estado ou uma nação. Falo do poder como responsabilidade diante dessa convivência social. Um professor tem poder e precisa de maturidade para seu exercício. Aos professores, confiamos o nascimento desses novos conhecimentos e desses novos voos. O médico tem poder e precisa estar maduro para usar da ciência, que ele deve compreender, em favor da dignidade e da saúde das pessoas. Assim, também, o juiz. Seu poder é imenso. Julgar requer maturidade. Construir, que é papel dos engenheiros e dos mestres de obras, também é exercer um enorme poder. E assim é com aqueles que trabalham recebendo pessoas e orientando-as. O poder do acolhimento, o poder da informação correta. Não que as pessoas não possam se enganar, mas elas devem tomar cuidado, porque a informação dada será utilizada por outras pessoas, que poderão ser destruídas pelo descuido de quem não teve a maturidade de dizer "eu não sei", "vou me informar melhor".

Caro More, os discursos podem ser muito perigosos. Como o discurso é um exercício de poder, o orador que não tem compromisso com a verdade diz apenas o que o auditório individual ou coletivo quer ouvir. Os sofismas são perigosos e entristeço-me ao ver que muitos dos que deveriam ser professores se transformam em sofistas, em busca de um sucesso rápido. Os sofistas não estão preocupados com a verdade, estão preocupados com o poder. Acham que, pacificando as angústias, terão sucesso. Apenas isso.

Voltemos ao parto. Toda vida, para nascer, dá algum trabalho. Há o tempo da espera, o tempo da construção da nova vida e o tempo do nascimento. O conhecimento é assim. As amizades, também. Não nascem em um amanhecer. A intenção, sim. A história, não. História tem de ter história. Óbvio, não? Não. Queremos que o conhecimento nasça prematuro. Imaturidade. Precisamos ter cautela e esperar o tempo certo. Tenho receio dos discursos que nascem desconectados do conhecimento. Falar bem é notável, é prova de talento, mas falar sem conteúdo, sem verdade, pode virar um convite apenas para que se saboreie a ração que se encontra na gaiola. E lá se vai a liberdade. Ah, formosa e delicada liberdade. Quantos estão, por aí, querendo aprisioná-la. E digo mais: os que aprisionam com seus discursos enganadores também estão aprisionados. O político que o enganou, amigo, mora na mesma gaiola que gostaria de fazê-lo morar. Não há impunidade na ação nefasta dos destruidores da liberdade. Pode ser que, durante algum tempo, permaneçam agindo assim, mas há um tribunal implacável que mora na consciência de cada um. E, quando o tribunal civil falha, quando faltam a ele informações ou provas necessárias para a condenação, é a consciência que acusa o desertor da essência, o trancafiador de liberdades.

Eu poderia, como você, elencar uma infinidade de atitudes que mostrem a maldade ou o egoísmo humanos. Já sabemos disso. Assistimos a isso com mais frequência do que gostaríamos. Mas insisto que essas pessoas erram mais por ignorância do que por decisão. Até porque um pássaro em uma gaiola não decide se vai ou se fica. O problema foi ter entrado lá. Depois, para sair, é muito mais complicado. Não quero parecer compreensivo ao extremo, só quero refletir, com você, se esses que fazem valer os vícios em detrimento das virtudes não são também vítimas da escravidão. Entraram em gaiolas... E agora? Teremos nós o poder de abri-las? Ou seria muita presunção? Se não nós, quem? Como? O que não se pode é deixar o horizonte desocupado pela ausência dos que nasceram para voar.

Se houvesse maldade essencial, talvez o nosso ofício fosse inútil. Em se tratando de ignorância ou de imaturidade, o campo é fértil, há muito a ser feito.

Com carinho,

Sócrates

É inverno e todos os campos que vejo
estão cobertos de frio. As montanhas não
mostram uma fresta sequer, um espaço
que seja com alguma vegetação verde.
E eu sou um pássaro dos trópicos.

Sexta correspondência

Querido Sócrates,

Quisera eu acreditar que não se trata de maldade, apenas de imaturidade. Não consigo ter essa visão. Imaturos aos 60, 70, 80 anos? Imaturos depois de exercerem o poder por 40, 50 anos? Sim, porque não querem largar o poder aqueles que dele se apropriam. Querem a eternidade do poder. Fico vendo o desfile das chamadas autoridades e fico estupefato pelo tempo em que estão no mesmo lugar. Gostei da metáfora da gaiola. Mas eles enfeitam de tal forma a gaiola que não se veem mais as grades. O conforto retira a necessidade do voo. O problema do conforto é que ele atrofia os músculos e a mente. Já não queremos mais andar porque as poltronas almofadadas são por demais convidativas. Já não queremos mais nos levantar porque, da cama, a vida é mais fácil. E vamos ficando embolorados. E é assim que a vida está. Um séquito de embolorados, obedecendo cegamente à ordem dos que mandam.

Você fala em consciência, Sócrates. Eu não sei se essas pessoas têm consciência. Vejo que elas riem muito. Falam muito e não dizem nada, mas riem muito. Cada uma ri mais do que a outra. É como um concurso. Quem ri mais demonstra que está melhor do que o outro; então, é preciso rir. Rir sem preguiça. Rir sem economia. Rir do quê? Ora, quando se começa a rir e o riso vai ganhando adeptos, em pouco tempo, não se sabe a razão de ser do riso. "É o riso do vencedor", dirá alguém. "Quem ri é porque venceu." Venceu o quê? A maior vitória está longe desse exército que apenas ri. A maior vitória se dá quando vencemos a nós mesmos e não nos permitimos enganar por uma gaiola confortável. Eu concordo com você, amigo. Mas não há muito a ser feito. E, se tentarmos convencê-los de que vivem em gaiolas, irão nos chamar de loucos e talvez até nos matem. Gaiolas, cavernas, buracos, não importa. Vivem eles distantes da luz. Têm medo da luz. Não estão acostumados com a luz. Veja as gaiolas enfeitadas. Nelas, não entra luz. Veja as cavernas – além das correntes que os mantêm presos, não há luz. E o pior, amigo, eles não percebem que estão acorrentados. Não é isso? Não percebem mais nada. Se falarmos das correntes, se mostrarmos as correntes, dirão que fazemos parte de um grupo de loucos querendo desestabilizá-los. E nos condenarão como corruptores de inocentes, porque se julgam inocentes, com suas correntes e com suas almofadas. E, talvez, sejamos mortos. E, conosco, morrerão possibilidades. É o abortamento de um futuro livre, é o abortamento de um futuro virtuoso.

Estou no inverno, Sócrates. Não o inverno poético das neves que mudam as paisagens. Não o inverno do aconchego, do abraço necessário. Estou no inverno do frio sem aquecimento. Estou congelado, amigo. Olho para o mundo e não compreendo o que aconteceu. Se somos sociais, racionais como você diz, ou melhor, como dizem aqueles que têm bom-senso, o que aconteceu? Você acha mesmo que estamos agindo como animais sociais e racionais? Não é possível. As atrocidades que cometemos, a ausência de compromisso com o outro, o poder malcheiroso, a morte dos inocentes e das inocências, tudo isso mostra que nada temos de sociais. Somos brutos. Ou isso, ou, para usar mais sua crença, estamos embrutecendo. É um movimento de ilusão, de um prazer que só existe instantaneamente. É efêmero. Mas quem vai acreditar nisso?

Quem está no poder tem a máquina da informação à disposição. E, se tiver algum talento, saberá utilizá-la como instrumento de engodo. E, do engodo, passará à inação. Ficam todos inertes diante da publicidade do vencedor. E, seduzidos pelo vencedor, tornam-se servos voluntários. Há algo mais triste do que uma servidão voluntária? E os piores não são aqueles que servem por medo, os piores não são aqueles que servem porque se acostumaram com o servir, os piores são aqueles que servem por querer participar dos vícios do poder. Servem porque ficam deslumbrados com o poder e sacrificam tudo, a dignidade, a liberdade, o amor-próprio, apenas para estar perto daquele que tem poder.

É como um funcionário que é maltratado, humilhado, pisado, mas que ganha bem. Ele sofre tudo o que decorre das idiossincrasias do chefe, em silêncio, porque gosta demais do valor que recebe e tem medo de sair em busca de algo novo. É assim, também, com o ajudante de um governante repleto de vícios. O ajudante ou o ministro ou o secretário ou quem quer que seja guardam para si a ausência de admiração e gastam sua vida aceitando todo tipo de desatino apenas para estar perto do poder. Veja, Sócrates, falo de duas situações: a daqueles que se desumanizam por dinheiro e a daqueles que se desumanizam por poder. E tente o tal "parto das ideias" com eles. Tente desempenhar o ofício da parteira ou do médico para ajudá-los a nascer. Não perca tempo, amigo. Não nascerão. Digo isso por ter vivido essas tentativas, por ter acreditado que bastava mostrar as correntes e avisar da luz e da vida fora da caverna. Desisti. Deixe que morem lá. Que fiquem abobados como cães aos pés da mesa dos banquetes e que, à menor migalha, abanem o rabo demonstrando prazer. Parece que os cães são irracionais e que os seres humanos não, não é isso? Qual a diferença? A diferença está na servidão voluntária. O cão está ali porque não há outra possibilidade para ele. E nós, os humanos? Estamos ajoelhados por quê? Obedecemos por quê? Ou isso, ou estamos alijados do poder. É assim.

É assim que as pessoas pensam. Era assim que eu não pensava. Agora, já não sei. Qual a alternativa?

É inverno e todos os campos que vejo estão cobertos de frio. As montanhas não mostram uma fresta sequer, um espaço que seja com alguma vegetação verde. E eu sou um pássaro dos trópicos. Preciso de algum lugar para repousar que não esteja congelado. Não há. E saiba que eu procuro há algum tempo. Minhas asas também estão congelando. E não tenho alternativa. Tenho de aceitar a morte pela ausência de algum espaço de calor.

Ontem, procurou-me um antigo conhecido. Soube, por alguém, que eu ainda desfrutava algum prestígio com um mandatário qualquer. Eu o recebi desavisado e, no início da conversa, ele só me falou da saudade e do desejo de se encontrar comigo. Elogiou-me, sem nenhum constrangimento pelo que viria depois. Quando eu, distraído, imaginei ver algum ninho para meu repouso, veio o pedido, a intenção, o interesse. A visita e os elogios preliminares foram apenas o aperitivo de sua apetitosa necessidade. E é assim. Não acho que as pessoas não devam se ajudar, ao contrário. Se somos animais sociais, se dependemos uns dos outros para viver, é natural que nos socorramos. Mas é apenas interesse, é hipocrisia e nada mais. Basta uma promessa de poder para que os aduladores venham, aos bandos, a um banquete para o qual não foram sequer convidados. Pouco importa. Basta a despedida do poder para que a comida sobre, pela ausência de convivas. Veja bem, caro Sócrates, eu não estou dizendo que concordo com isso, estou dizendo que é assim. Não estou falando de dever ser, de devir, estou falando do que é e estou dizendo que é isso que me faz descrente da natureza humana. Também não estou dizendo que as pessoas nasçam assim, mas é assim que elas se apresentam. Qual a razão disso? Eu, sinceramente, não sei. Só sei que a neve não para de cair e que eu não tenho muito mais tempo para continuar a procurar algum abrigo.

Carinhosamente,

More

O espaço político é o espaço da generosidade.
O espaço político é a decisão de não permitir
que o tempo do erro permaneça. Por isso,
os regimes democráticos são superiores
a qualquer outro tipo de ação política.

Sétima correspondência

Amigo More,

O frio não deixa de ter sua beleza. Sabe que, nestes solos distantes, além das caminhadas diárias e dos encontros e das experiências nascidas desses encontros, ganho tempo lendo sobre outros solos e sobre outras caminhadas e sobre outras experiências nascidas dessas caminhadas que não as minhas? Os livros nos dão esse poder. O poder de caminhar os caminhos alheios e de aprender com essas experiências. Os livros nos conduzem a espaços e a tempos aos quais, sem eles, talvez não chegássemos. Li e leio sobre ações e sobre decepções. Li e leio sobre histórias reais e sobre outras que a mente humana é capaz de criar.

Por aqui, temos muitos textos de teatro. Gostamos das tragédias. Os laços de família ficam no centro do palco e, em torno, há um coro. Um grupo de vozes que desconcertam os desconcertos da atuação central. Lá, no centro, há ódio, há poder mal utilizado, há mentira, há vingança, há destruição. Quem passa e não repara ao redor acha que o espetáculo é apenas esse. Se se presta atenção ao conjunto e se se fica um tempo convivendo com a representação, logo se vê o coro. As vozes que entoam um outro discurso. As vozes que prenunciam um novo tempo. Ao centro, o horror de uma aristocracia podre. De uma mistura errônea. O "outro" deixa de existir. Só "eu" existo. Há uma exacerbação de pseudodireitos. Cada um, egoicamente pensando no que tem e no que gostaria de ter. Não sei se "gostar" é um bom verbo para esse cenário. Talvez o mais adequado seja "gastar". Gastam a vida em troca de nada. Nada, não. Nada é apenas ausência. Há um tudo de ruim nas disputas sem justificativas.

Mas há o coro, meu amigo. Há outras vozes. O frio não há de permanecer por mais tempo que sua estação. Depois, haverá outra. E outra. E mais uma. E, assim, as estações vão se sucedendo. Para cada uma delas, um estilo de viver e de ser. É a sabedoria da natureza. E nós somos frutos dessa mesma natureza. Talvez, se aprendêssemos com ela, não viveríamos tão amedrontados. Tudo passa. Não é nova essa reflexão. É como as águas de um rio. Ou como as margens que estão ali durante a passagem do rio. Não é como fitar mais demoradamente alguns instantes em detrimento de outros. Tudo é passagem. Brigarmos para que a estação do calor fique por mais tempo é não compreendermos o tempo nem as razões para brigar.

Você é um pássaro, sim. E um pássaro sabe que o frio tem seu tempo. É por isso que voa para outras paragens, até que a neve se despeça e que, outra vez, a ramagem seja convidativa. Talvez, seja essa a sabedoria de que precisamos. Diante do frio de uma humanidade pérfida, é preciso aguardar. Desistir, não. Nunca. Apenas aguardar.

Um dos jovens com quem converso confessou-me seu equívoco. Tinha uma namorada. Uma linda mulher, que completava suas imperfeições. Pois assim é o amor. Completude. Encontro. Encanto. As mãos enlaçadas e os dizeres agradáveis pareciam o início de uma história de realizações. A menina devotava a ele um amor leve e denso. Cuidava. Surpreendia. Riam juntos. Não poucas vezes, agradeceu aos céus o presente. Pois bem, o tempo foi passando e, com ele, surgiram outros encontros. O jovem ouvia de outros jovens conselhos de gracejos em outras paisagens. E ele se deixou levar. Assim, encontrava uma aqui e outra acolá. O jovem justificava a si mesmo que, para a preferida, nada faltava. E pensava que, certamente, ela jamais saberia de suas travessuras.

Um dia, ela viu. Descuidadamente, proferia ele dizeres e carícias a uma de suas tantas diversões. Ela viu. Disse nada. E partiu. Partiu e se partiu em dor. Ele também. Tentou dizer. Ela não ouviu.

O jovem confessou-me que perdera a razão de viver. Disse, com poesia, que a poesia o abandonara. Disse não entender como não valorizara o amor. Tivera tudo e, agora, nada tinha. Chorou o choro doído dos arrependidos. Eu apenas ouvi. Erros são cometidos. Algumas rasuras são, entretanto, mais fáceis de corrigir. Outras, não. Sei pouco da história dos dois para imaginar um desfecho. O que sei é que somos levados a imaginar que não podemos ser descobertos. Não seria melhor viver, então, sem essas cobertas perigosas?

Na política, o caminho é o mesmo. Do que li, aprendi que muitos se perdem porque não imaginam que possam ser descobertos. Ora, por que escolher o que é errado? Ou será que não há escolha? Se não há escolha, há algo de errado em nossa constituição, e eu não posso concordar com isso. Não posso imaginar um inverno sem a perspectiva de outra estação. O frio tem de passar, meu amigo.

O beijo da mulher amada não era suficiente? Era preciso outro beijo e mais outro? Por quê? A honra de servir ao povo já não é suficiente? Para que engrossar a fileira dos corruptos, dos usurpadores de bens alheios? Para que ganhar um pouco mais de ração e deixar de lado o privilégio de não ter de viver na gaiola?

O jovem chorava e, entre soluços, dizia: "Se pudesse voltar no tempo, eu jamais agiria como agi". Quantas pessoas gostariam de dizer o mesmo, ou melhor, de ter o poder de fazer o tempo voltar. Quantos agem por incontinência, sem reflexão...

Amigo, não lhe parece razoável concluir que o problema está na ausência de diálogo entre a ação e a reflexão?

Se não estou enganado, se essa é a questão, continuemos acreditando na humanidade e tentemos ajudar, a nós e aos outros, a estabelecer esse diálogo. Eu sei que o que você passou talvez o desautorize a divagações teóricas. É como no caso do jovem. Ela já o abandonou. Parece-me, às vezes, que, para você, a política é uma amante que se foi e que não voltará mais. E, além disso, parece-me que você não acredita na despedida do inverno. Tente se lembrar dos outros invernos, que já se foram. Não é a primeira vez, certamente não, que você convive com o frio e com o desconforto de não encontrar um ninho aconchegante. E, de repente, como por milagre, o sol foi queimando o gelo, e o verde que estava escondido o recebeu, como em outras tantas primaveras.

Convivemos com regimes terríveis. Assistimos ao poder em mãos mesquinhas. Vimos a incompetência arruinar possibilidades de tempos melhores para tantos. Mas também vimos o contrário. Não é possível que, nessas esquinas do poder, você nunca tenha convivido com gente de boas intenções e de competências reais para efetivá-las. É certo que sim. Tente se lembrar, meu amigo. Tente se lembrar da estação que veio antes do inverno e da que virá depois.

Acho que extrapolei em minha ousadia. Quem sou eu para querer ensinar a você, um homem tão experiente, a compreensão do tempo e do espaço? O tempo que passa e o espaço que amplia a forma como enxergamos o próprio tempo. O espaço político é o espaço da generosidade.

O espaço político é a decisão de não permitir que o tempo do erro permaneça. Por isso, os regimes democráticos são superiores a qualquer outro tipo de ação política. Erramos, mas o tempo nos dará outras possibilidades de termos um espaço melhor, para administrarmos o que é de todos.

Compadeci-me do jovem que não soube valorizar seu amor e confesso que aprendi com o erro dele também. Aprendamos com o erro dos outros, sem desistir. Posso ainda provocá-lo, talvez, com alguma impertinência? Não desperdice o conhecimento acumulado em tantas decepções que você possa viver. Use isso a seu favor, a favor dos valores em que acreditamos. Não permitamos que, por ausência nossa, fiquem presentes aqueles que não têm o hábito de convidar a reflexão a se manifestar antes da ação; aqueles que desconsideram a emoção e que, ao fazê-lo, desconsideram a si mesmos e aos outros. Esses estragam a política, mas a política é maior do que eles, e nós sabemos disso. Você, mais do que eu, porque viveu a dor mais do que eu a vivi. Eu sei pelos livros e pelo tanto que aprendi a amar a sua sinceridade.

Continuemos, amigo. Que esta carta o encontre com calor.

Sócrates

A ambição é como uma droga. Quanto mais se tem, mais se quer. É um vício. Não se trata de um poder para servir ao outro ou a uma causa. É o poder como um desfile de vaidades e de idiossincrasias.

Oitava correspondência

Querido Sócrates,

Não estou com calor. Aliás, faz mais frio do que antes. Estive revendo anotações e, com elas, vieram algumas lembranças desagradáveis. Fiquei impressionado com a maturidade da sua carta e com o seu bom texto. Já havia percebido que, além das caminhadas, você gastava muito tempo com livros. Bom sinal.

Gostaria de dizer que concordo com você, mas não seria verdadeiro. O seu jovem apaixonado não chorava pelo erro, mas pela perda. Se ela não houvesse descoberto a hipocrisia, continuaria a conviver com ele. O rapaz chorou pelo egoísmo de quem é abandonado. Ele não chorou pela dor que causou. É isso que me entristece. São apenas interesses. Você tem razão: na política, é assim também.

Quanto estranhamento ao ver partidos políticos tentando aniquilar um ao outro. Torcidas exaustivas de morte ao perdedor. Ou se faz o que mandam, ou morte ao outro, que pode ser, inclusive, do mesmo partido. Sim, porque as destruições se dão dentro de casa também, ou principalmente.

Cansei de aspirar à liberdade sem nunca a alcançar. Cansei de dizer que a utopia nos leva a caminhar em alguma direção. Que direção? Estamos sem direção, porque o presente nos enjaula e, enjaulados, não podemos seguir.

Nossa civilização quer que sejamos os primeiros em tudo. O primeiro na escola, o primeiro no time, o primeiro no clube, o primeiro na política. Aplausos ao vencedor e desprezo ao perdedor. Já que você gosta do conceito de recordar, recordemos as arenas com lutadores que viravam heróis por conseguirem matar os outros. E o povo aplaudindo. Que bondade há nessa humanidade? Dois homens, duas armas. Um morre e é desprezado. O outro vence e é aplaudido. Você vai me dizer que isso é coisa do passado, e eu vou discordar de você. Continuamos assim. Ninguém quer abandonar o posto de vencedor.

A ambição é como uma droga. Quanto mais se tem, mais se quer. É um vício. Não se trata de um poder para servir ao outro ou a uma causa. É o poder como um desfile de vaidades e de idiossincrasias.

Não quero ofendê-lo, amigo, mas não estou dizendo "não" sobre teorias que li; estou dizendo "não" sobre fatos que vivi.

Se há inveja, em menor ou maior escala, nos homens, eu digo que, nos políticos, há muita inveja, em todos. O que nos faz invejosos é a incapacidade de convivermos com a possibilidade de alguém ser melhor do que nós ou de ter mais poder. Ou, até, o mesmo poder. Não queremos ninguém acima nem ao lado, só embaixo – e, se possível, bem embaixo –, para não corrermos sequer o risco de alguém querer subir.

E digo mais: quando um tirano avança vitorioso, todo o povo o aplaude e esquece que ele é um tirano. Você já ouviu falar da Política do Pão e Circo, naturalmente. A metáfora da gaiola (com ração e com algum enfeite) tem o mesmo significado. É isso. Já não se percebe a tirania ou a incompetência ou as injustiças todas. Já vi muitos políticos querendo destruir os amigos de antes do poder. Talvez porque esses políticos queiram ser tratados como deuses, e os amigos que conhecem sua mortalidade sejam um risco a esse plano. Então, o melhor a fazer é esmagar o passado. Porque, no passado, eram apenas humanos. Os "semideuses" acreditam que os amigos de ontem possam querer, hoje, a verdade que as aparências, que o fascínio exercido pelo poder escondem. E, com isso, comprometer o futuro. O melhor a fazer é arruiná-los antes.

Os homens, caro amigo, preferem qualquer coisa à angústia de saber quem são. Esse discurso tão nobre da reflexão antes da ação está longe de sair das obras ficcionais ou das teses de boas intenções e encontrar a realidade. Não há ninguém disposto a pensar, até porque pensar dói, pensar incomoda, pensar desestabiliza. O que estabiliza é a falsa imagem que conseguimos passar. Revelações são perigosas.

Quanto mais se desconhece, mais se admira. E é bom que seja assim. O medo do desconhecido e do seu poder mantém o povo obediente.

Os homens passam a maior parte do tempo querendo destruir seus amigos. Não. Não errei no texto. Destruir os inimigos é óbvio. Eu não preciso lhe revelar isso. Falo, mesmo, de destruir os amigos. De impedir notícias agradáveis. De fazer valer os conselhos que não foram obedecidos. "Não coloque a mão aí, pois você vai levar um choque e poderá morrer." Se, por acaso, o choque não for tão forte, é possível que se mande aumentar a potência para que o teimoso morra. Isso é tudo. Ferocidade contra o outro. E nada de revelações.

Quanto menos souber o povo sobre seu governante, mais poderá amá-lo. O conhecimento é um caminho sem volta. O conhecimento é capaz de matar o amor, a admiração. Se soubermos os segredos daqueles que nos governam, deixaremos de admirá-los. Se soubermos como são tratados seus auxiliares mais próximos, sentiremos compaixão pela dor daqueles que não têm o poder, como nós. É melhor conviver apenas com o discurso. E digo mais: é fácil fazer o mal. É fácil destratar o outro. É fácil permitir que o vício saia vitorioso no embate com a virtude. O difícil é assumir isso tudo. São faces esburacadas que só se percebem de perto, sem maquiagem. Tenho horror às maquiagens e é por isso que abandonei a política e qualquer forma de exercício do poder. Não quero mais. Cansei.

No início, eu desculpava a mim mesmo por tentar ser agradável. Não estou querendo que erijam uma estátua em minha homenagem. Não. Por favor, não me julgue pretensioso. Sei que errei e que erro. Sei que também adulei, porque, quando cheguei ao poder, não sabia muito bem como agir. E confesso-lhe que há um fascínio em estar perto de um governante maior. Mas, aos poucos, amigo, fui vendo que nada daquilo tinha sentido. E, aí, comecei a compreender que só haveria razão se eu, de fato, tivesse uma razão para estar ali.

O início da minha queda política se deu quando eu comecei a dizer "não". Dizer "não" parece um acinte, um sacrilégio. E minha queda se acentuou quando disse "não" a quem, hierarquicamente, tinha mais poder do que eu. Alguém que, exatamente por isso, deveria ter mais responsabilidade e se alegrar ao saber que, em um reino tão contaminado, outro alguém se preocupava em fazer o que era correto. Dizer que não tive medo seria faltar com a verdade. Foi difícil enfrentar o mito e saber que, no dia seguinte, eu poderia estar condenado. Não falo de uma condenação à morte, mas de uma condenação de ausências. É difícil olhar para os amigos e confessar que não tive forças para resistir. Até porque demora para que tomemos consciência de que a força maior é não resistir. É sair de cena. É deixar de compactuar com os malcheirosos dizer e fazer políticos.

Eu lhe disse que, quanto mais se conhece, mais difícil se é de amar. Sei que, depois desta carta tão crua, tão nua, será difícil você encontrar em mim razões para permanecer.

Compreenderei sua ausência. Já me prenderam e já me prendi numerosas vezes. Já vaguei livremente sem ter para onde ir. Na torre das minhas decepções, sobraram poucas escolhas. Uma delas é ficar só. É por isso que não o condeno por me abandonar. Minha utopia será lida, certamente, mas minha vida será esquecida. Continue, amigo, achando que o jovem que maltratou os sentimentos de sua amada foi tomado por algum arrependimento. Eu fico por aqui. Ouvindo música de quem já morreu. Aliás, só quem já morreu é incapaz de fazer o mal. Nem lhe peço perdão, porque esse sentimento não me parece comum. O cotidiano é recheado de vingança. E, de mim, já vingaram o que puderam. O que sobrou, a pouca gente interessa.

Thomas More

Para salvar nossa juventude das tragédias
tantas que nos visitam, é preciso dar
esperança. Não a esperança mentirosa,
enganadora, cheia de maquiagens,
como você diz. A esperança real. É
ela que nos livra da destruição.

Nona correspondência

Amigo Thomas,

Quanto mais o conheço, mais gosto de você. E não quero deixar de gostar, mesmo que você se esforce para isso. Sei que há dias em que estamos mais tristes e que há outros em que nos esforçamos para enxergar além do que nos incomoda. Seu incômodo é justificado pelas tantas decepções que a vida lhe reservou, mas é injustificado pela sua capacidade de superação. Você está vivo, meu amigo. E é esse o maior poder. A política não se exerce apenas nos cargos mais ou menos relevantes. A política se exerce no respirar cotidiano, que encontra outros tantos respirando. E caindo. E levantando. Meu amigo jovem se arrependeu, sim. Por ele. Por ela. Não importa. Arrependeu-se. E vai sofrer e aprender. E, talvez, ela inverta a lógica do final da sua carta e não se vingue, mas perdoe.

Tenho um cachorro. Gosto muito dele. Mas, como você sabe, eu saio quase todos os dias e caminho. Às vezes, ele vai comigo; outras, fica em casa. Quando me preparo para sair e ele percebe que não vai junto, ele se deita, abaixa a cabeça e me olha com decepção. Se arrumo malas, é pior. Parece que estranha o fato de a presença dele não ser o bastante para mim e de eu precisar de mais. Eu o olho. Brinco com ele. Acaricio-o. Mas ele pouco reage. Sabe que é apenas para agradá-lo e que, logo depois, eu vou deixá-lo. Quando volto, ele se esquece da despedida e me festeja, sem economias. E dou a ele comida. E brinco. Aí, sim, ele reage. Sabe que não se trata de uma obrigação de quem está partindo, mas de uma partilha de necessidades. Quando escrevo, ele dorme ao meu lado. Se faço um movimento diferente, ele olha para ver se está tudo bem. Se sente que há algo errado, ele se aproxima mais, fica encostado. É como se quisesse amenizar minha dor. Ele é meu amigo.

Thomas More, se um cão é amigo, por que o ser humano não seria? Posso até entender que há pessoas que, ao chegar ao poder, querem destruir as outras, mas não são todas que agem assim. Não é uma regra. São infelizes solitários os que assim procedem. E estátuas são objetos quebráveis, certamente. Caem quando menos se imagina. E são estáticas. Podem até ser admiradas, mas não são livres. Não acredito em política assim. Políticos precisam ser livres, para possibilitarem isso aos concidadãos. É preciso dar oportunidades, para que o povo seja protagonista de sua história. Nada de sonegar conhecimento. Nada de sabotar a liberdade. Para salvar nossa juventude das tragédias tantas que nos visitam, é preciso dar esperança. Não a esperança mentirosa, enganadora, cheia de maquiagens, como você diz. A esperança real. É ela que nos livra da destruição. É essa menina, a esperança, que nos conduz com energia a outras incursões.

Você lembra os gladiadores e as matanças tantas. Quem sou eu para discordar desses cenários recorrentes de competidores e de partícipes? Porque os que assistem e aplaudem são tão ou mais cruéis do que os que executam. Desprezemos essas ações da nossa humanidade, mas não a humanidade. Pior do que a decepção pelas promessas não cumpridas é a ausência de promessas.

Todos os anos, proponho que os jovens que semeiam o campo, como eu, façam promessas de Ano-Novo. Convido-os a escreverem, um pouco antes da passagem do ano, alguns objetivos. Não poucas vezes, ouço que nada do prometido no ano anterior foi cumprido, por um ou outro participante. Sabe, amigo, minha preocupação maior é a de instigá-los a continuar acreditando que, mesmo assim, é preciso ter objetivos. Que, talvez, no próximo ano, seja diferente. E eu lhe garanto que muitos, depois de algumas tentativas fracassadas, conseguem dar cabo dos projetos.

Quando eu mexo com a terra, quando a preparo para um novo plantio, nunca penso que virá uma tempestade e que ela colocará a perder o que eu fiz. Se vier, que venha. Eu preparo a terra com a finalidade de ver a semente brotar.

É miraculoso. A cada dia, uma progressão. Se eu tiver pressa, vou ficar decepcionado. Com o tempo, fui compreendendo o tempo da espera e o tempo da colheita. E sei que, depois, tudo recomeça. Vez ou outra, surge uma praga. Eu tenho de tirá-la, para que não contamine a plantação. E preciso fazer isso com cuidado, para que a planta não morra junto. Pragas existem. Não sei quem as inventou, mas não serão elas que me farão desistir de ser semeador.

Na política, também há pragas. Mas o solo é fértil. Não desista, amigo. Se não quer mais ocupar cargos de comando, comande sua vida na direção da boa convivência. Você pode, nas salas de aula e nas esquinas da vida, transformar sua dor em amor. Os amigos existem, sim, e você sabe disso. Sabe o gato de que lhe falei na primeira correspondência? Convive bem com meu cachorro e, pasme, muito bem com alguns passarinhos que ficam soltos pela casa. Aprenderam a viver juntos.

Não acredito e não acredito que você acredite que todos os políticos sejam invejosos ou mesquinhos e que queiram destruir o passado. Sabemos que a generalização é um princípio para a injustiça. Sei, também, que dá trabalho separar o justo do injusto, o correto do incorreto. Não que eu concorde com a tese de que alguns nasceram assim. Ninguém nasce injusto. Torna-se. Aprende-se a levar vantagem. Ninguém nasce para a maldade. Insisto nisso. Veja as crianças. Se não lhes ensinam o errado, tendem a viver em paz. O problema são os exemplos, as exigências, os aprendizados inadequados, que vão destruindo a generosidade. Uma criança não é naturalmente preconceituosa e, ao mesmo tempo, está repleta de preconceitos. Por quê?

Ontem mesmo, em uma praça, vi duas senhoras destratando dois trabalhadores que, segundo elas, tentaram, em outro momento, aproximar-se da filha de uma delas. Desferiram ataques horrendos. Proferiram palavras de desrespeito à origem, à classe social e até à cor da pele desses homens. E saíram. Esbaforidas. Vitoriosas. Eu me aproximei dos trabalhadores. Um deles me disse que era namorado da moça. E que os dois mantinham certo sigilo, por saberem que a mãe e a tia jamais tolerariam um tipo de relação tão desigual. Vou dizer uma coisa que pode parecer estranha. Ele e o amigo não reagiram; estavam tranquilos, em paz, apesar das ofensas, ao passo que as duas saíram intranquilas, cheias de ódio. Saíram derrotadas. O namorado da moça disse que continuaria a vê-la e que saberiam o momento certo de viver juntos. Eu pouco falei. Só quis estar perto. Só quis ter ainda mais certeza de que as ações mesquinhas se voltam contra o próprio autor.

Sabe o jovem de que lhe falei, o que traiu e foi descoberto? Eu vou procurá-lo. Quero saber como ele está. Quero saber se teve coragem de pedir perdão mais uma vez. Será que a ex-namorada aceitaria o recomeço? Você acha mesmo que a vingança é mais natural do que o perdão? Não posso concordar. Se meu cachorro não me perdoasse por sair de perto dele, ele não desfrutaria os momentos de prazer quando estamos juntos. Meu cachorro sabe disso? Se não sabe, melhor faz. O perdão é aconchegante. É como um banho prolongado que limpa bem e que dá uma sensação de alívio.

Quando chegamos do arado, o banho nos devolve um pouco da força que perdemos. E, depois, o alimento. E, depois, o sono bom. O perdão é assim. Limpeza. Para que tudo prossiga em seu curso. Não concordo quando você diz que o início da sua queda se deu no momento em que você começou a dizer "não". Sabe por quê? Por que você não teve queda. Sair de um cargo por se negar a fazer o que considera incorreto não é cair. As mulheres que tripudiaram sobre aqueles homens simples não saíram vitoriosas. A vitória é o sentir-se bem. E ninguém se sente bem pisando ou pesando sobre o outro. O governante que usa máscaras e que faz, na intimidade, o oposto do que prega em público não é um vitorioso. Disso, estou certo. É o comando da consciência que não nos abandona nunca.

Querido More, não ficarei ausente, pelo contrário. Prefiro o confronto dos presentes às aceitações mentirosas dos que nos abandonaram. É nesses embates que nos fortalecemos. É o conhecimento que nos possibilita ir além. Até para que não tenhamos a presunção de sermos os mais sábios do mundo. Isso, não. Nossa sabedoria está em construção. Em progressão aritmética ou geométrica, dependendo da nossa capacidade de observar os próprios erros e os erros dos outros e de aprender com eles. E mais: de continuar tendo objetivos.

Abandoná-los seria abandonar a esperança, e isso não nos é conveniente. Que a esperança seja nosso elo de amizade.

Espero poder contribuir durante esse inverno teimoso, que já deveria ter partido, mas que insiste em permanecer em sua casa. Até porque sei que, um dia, ele virá a minha e sei que, quando isso acontecer, poderei contar com você. Afinal, somos amigos.

Sócrates

Quero a companhia do amor em qualquer estação. O amor que faz com que eu ame o outro, mas com que eu me ame também.

Décima correspondência

Prezado Sócrates,

Obrigado pelos seus dizeres. Acho que exagerei em minha última correspondência. Você tem razão, a generalização nunca é uma boa alternativa para a compreensão das ações humanas. Corremos o risco de julgar apressadamente. E há outra questão: quando nosso sofrimento é muito intenso, podemos contaminar nossa visão. Hoje, estou melhor. Quando escrevi a outra correspondência, eu o fiz logo depois de receber uma desagradável visita. E acho que fui contaminado pelos sentimentos, os quais me tomaram nas palavras que não tive paciência ou coragem de dizer. Acho que acabei descontando em você.

Veio me ver um político. Não sei por quê. Eu nada tenho a oferecer a ele, exceto o fato de sermos radicalmente diferentes. Contou-me de algumas pessoas que, ontem, estavam a meu lado e que, hoje, fazem considerações maldosas sobre minha fraqueza. Senti-me fraco depois do que escrevi. A vaidade também está comigo, apesar de eu querer negá-la. Com suas pérfidas palavras, ele aumentou minha solidão. Por que damos poder a quem não merece? Até agora, penso na razão de sua visita. Apenas para me dar más notícias? O que motiva um homem a agir dessa forma? Se foi essa a intenção, ele conseguiu. Não por seu talento, mas por minha incapacidade de abstração. Bastava desprezar seus intentos e prosseguir, mas não foi isso que fiz, porque também sou vaidoso, certamente. Gostaria de ser reconhecido por ter agido eticamente. E acho que erro com essa necessidade. Quem é ético deve sê-lo sem a preocupação do aplauso. Mas foi bom. Bom saber que também eu, que tanto desprezo os defeitos alheios, os tenho. E a vaidade, Sócrates, é um vício capaz de emburrecer. A carta que lhe escrevi estava cheia de raiva. Aliás, a raiva também emburrece.

E você compreendeu meu inverno prolongado. E, certamente, é assim a amizade. Evidentemente, as pessoas são diferentes e, nessas diferenças, precisam aprender a conviver com erros e com acertos; cada uma tem maior ou menor tolerância com os próprios erros e com os erros alheios. Já tenho alguma idade. O tempo precisa me fazer mais tolerante. O conhecimento deveria ser uma luz que clarificasse os caminhos. As saliências só têm poder quando se desiste diante delas. A tal visita indesejada saiu daqui com o poder que eu a ela conferi. Diferentemente dos trabalhadores, amigos seus, diante das agressivas mulheres. Entendi o que você disse sobre amizade. É que tenho tão poucos amigos, se é que os tenho... E você está distante. Há um amargor, talvez pela proximidade do fim. Não sei como nem quando será minha partida. Não sei o que dirão de mim aqueles que permanecerem. Sei que a proximidade do que não sei me angustia. Para onde vamos depois? Pensar na morte deveria nos ajudar a viver melhor. Somos nada. Uma queda apenas e estamos ausentes. Uma enfermidade. Ou o tempo. As quedas que tive foram mais simbólicas do que reais. Os ferimentos causados por tantas pedras não chegaram a atingir a fragilidade física e, portanto, estou aqui. Mas estou velho, amigo. Parto em pouco tempo. E então? E os outros partirão também. Terá valido a pena o esforço sobre-humano por um poder que em nada mudou o curso da história? Terá valido o sofrimento que vivi e que impus a meus familiares e a meus amigos? Teria sido melhor viver o anonimato em vez de me expor diante de meus julgadores? Como se faz para ter essas respostas? Você é jovem ainda e, talvez, não esteja se perguntando sobre o fim. Não que isso seja uma obrigação. Preferiria pensar em outras coisas, mas como comandar o pensamento? Penso no dia em que não estarei e ainda temo uma condenação. Muitos foram os que, condenados, tiveram duas escolhas: morrer ou morrer. Ou perderiam a vida, ou perderiam a razão de ser da própria vida. Prefiro a primeira alternativa, amigo. Jamais vou negar o que dá sentido à vida. Mais cedo ou mais tarde, morrerei, mas, se posso sonhar com um legado, gostaria que as ações humanas se revestissem de mais significado. Tristes tempos em que negligenciamos nosso poder de servir à humanidade. Tristes tempos em que nos envergonhamos de amar.

Definitivamente, não quero viver sem viver. O inverno já está indo embora, mas voltará; é assim seu ciclo e, sabedores disso, não há por que termos medo.

Quero a companhia do amor em qualquer estação. O amor que faz com que eu ame o outro, mas com que eu me ame também. Dar o poder a alguém para que me destrua não é ter amor-próprio. E ficar trancafiado nas minhas memórias emboloradas, generalizando os equívocos da humanidade, não é ter amor pelo outro. Amor é ação. E é, também, reflexão. Ultimamente pensamos pouco, ou quase nada. Julgamos ser um outro tempo melhor do que o nosso. Engano. Na convivência humana, sempre haverá dificuldades. Essa é a nossa natureza, heterogênea e complementar. Não fomos construídos em série. Cada nascimento é uma experiência única, você bem sabe disso. E essa experiência nos inquieta. Não somos previsíveis. É uma pena que grande parte de nós não saiba disso.

Imaginemos a vida em uma casa sem portas. Muitas pessoas espremendo-se e olhando, por alguma razão, para a mesma direção. Está tudo aberto, mas ninguém sai. Por que razão? Não se sabe. Sabe-se, apenas, que estão todas ali, disputando algum espaço para poder respirar, enquanto há ar à vontade no lado de fora.

Quando decidi abandonar a política, inspirei-me nessa metáfora. Queria respirar. Consegui? Não sei. Sei que saí. É que, talvez, eu esteja olhando demais para a casa e para as pessoas que se engalfinham e, com isso, a memória da ausência de respiração continue incomodando. Aqui, do lado de fora, há tantos afazeres... É que, talvez, eu não tenha ainda me acostumado com a liberdade. Você consegue compreender? Está chegando o tempo da partida, e eu me pergunto: "Valeu a pena?". Ou melhor, não me pergunto, porque tenho medo da resposta. Se a resposta for "não", nada mais poderei fazer. Ou poderei? E se me condenarem antes do tempo da partida, ou melhor, e se anteciparem minha partida? Eles têm o poder de fazer isso. Comigo e com eles mesmos. Gostaria de voltar a ter esperança, mas, hoje, sou um homem cético. Será que envelheci antes de compreender o necessário?

Sócrates, se eu tivesse sido semeador, se fosse um camponês como você, teria sido mais feliz? Como saber? Não quero que minhas angústias incomodem sua serenidade. Deveria ser o contrário, não? Você, jovem, mais angustiado, e eu, ancião, mais sereno. Mas quem decide? Tomei minhas decisões; plantei e colhi os resultados das minhas escolhas e estou aqui, sozinho. O estar só não é algo ruim quando se sabe estar só. Mas eu não sei se sei. Estranho, não?

Tenho sentido muito prazer em escrever estas cartas. Elas me fazem provocar o que ainda restou em mim, depois de tantas desilusões. E mais: elas me unem a você. Pena estarmos longe. A sensação de que você é bom reacende em mim, de certa forma, a chama de um tempo que poderá ser construído, ainda que nem eu nem você estejamos mais aqui. Pena que os imediatismos sejam tão famosos e que não saibamos semear plantas que demorem a crescer – mas que, em compensação, demorem a partir. Tudo é muito descartável. E não deveria ser assim. Mesmo que nossa presença no mundo tenha uma duração menor do que gostaríamos, há algo que deveria permanecer daquilo que fizemos.

Há um grupo de antigos colaboradores que quer me interrogar amanhã. Parece que estão ávidos pela minha partida. Vão me condenar, certamente. Nenhum tipo de argumento importa. Não há mais tempo para demovê-los desse estranho sentimento de matar quem, ontem, era companheiro. Serão implacáveis, dirão quase nada, permitirão que eu fale apenas pelas circunstâncias. Não prestarão atenção no que tenho a dizer, tampouco no que fiz ou no que fui. Estarão sentados, e eu, em pé. Isso eles não conseguirão impedir. Estarei em pé. Morrerei em pé. Não negarei os valores mais caros que, em toda a minha vida, defendi. Em pé. Com dores, mas em pé. Cansado, mas em pé. De alguma maneira, meu amigo, você é responsável por essa coragem.

Alguns poderão achar ingênuos seus argumentos. E, se fossem diferentes, outros viriam para criticar algumas de suas observações ou de suas intenções. Não nos importemos com isso. Em pé. Ereto. Sem vaidades nem raiva, se é que isso é possível. Se não for, que eu saiba dosar esses vícios com virtudes.

Seu amigo, seu velho amigo,

More

Ninguém consegue ser feliz fazendo infeliz o outro. Talvez porque, na arquitetura de nossa criação, tenhamos sido pensados e feitos com a necessidade real de conviver.

Décima primeira correspondência

Querido More,

Talvez seja esta nossa última correspondência. Também eu, amigo, sou vítima de acusações. Aqui, no campo, há quem se organize para desorganizar o que sou. É impressionante a agressividade e o ataque de inverdades. São falsas acusações revestidas de um cuidado com os jovens. Afinal, sou um perturbador de jovens, porque converso com eles, porque os ouço. E, assim, eles ficam mais exigentes; e, assim, descumprem o que consideram inadequado. Em vez de adequarem o inadequado, querem encontrar um culpado. Acusam-me aqueles que, ontem, estavam ao meu lado. Comemos juntos algumas vezes, sorrimos, plantamos sementes, e, agora, sou um corruptor. Parece que os papéis se inverteram. Você se mostra esperançoso em sua última correspondência e, hoje, estou eu, perplexo, redigindo estas linhas.

Eu não perderei a esperança. Nunca acreditei que a bondade fosse um instrumento para agradar alguns. Até porque, se esses alguns deixassem de merecer, seria necessário deixar de ser bom. Não. A bondade é como a música. Os instrumentos vão produzindo uma melodia que ultrapassa os limites dos ouvintes. A música vai além. E, se alguém a ouve, algo novo acontece. As palavras têm, também, essa musicalidade. E, também, as mãos a têm, quando explicam para as sementes que a morte faz parte da vida. Que a dialética é assim. Da morte da semente vem o broto e, depois, as flores e os frutos. É assim com a natureza. É assim com o ser humano. Morremos e permanecemos em tantos legados que fomos capazes de ousar. Não tenho a ilusão de ser unanimidade. Longe disso. Apenas semeio. E aprecio o nascimento. Converso e perturbo, talvez. Faço isso por uma única razão: acredito que, mesmo em paisagens fétidas, há alguma semente de possibilidades escondida. É como uma gravidez, que precisa chegar ao seu termo. Tristes crianças sem o direito de nascer. Tristes jovens grávidos de possibilidades sem condições de nascimento. É nisso que acredito. É isso que faço.

Lendo e relendo suas correspondências, vou revivendo um pouco a sua dor. Estamos distantes e próximos. Ousamos utopias e nos condenaram. Tentam retirar de nós o que de mais precioso temos, a vida. Não conseguirão. Sem arrogância, digo-lhe que permaneceremos. Será nos outros que deixaremos nossas sementes. Saberão que passamos por aqui por alguma razão e talvez isso impulsione outros homens e outras mulheres a não se curvarem.

Gastei minha juventude por uma causa, gasto minha vida pela mesma causa. Não tolero o preconceito. Por isso, falo com todos e, por isso, tento mostrar a todos os que encontro por aí que a inteligência não é privilégio de alguns, é presente para todos. Tristes senhoras preconceituosas. O amor, se houver amor, sairá vitorioso. O jovem apaixonado de quem lhe falei não conseguiu o perdão de sua amada. Não sei as razões. Parece um pouco melhor. Preparado para uma história, agora, de mais cuidado com sentimentos alheios e de maior percepção do significado da liberdade. Escolhas erradas conduzem-nos a paisagens pouco acolhedoras.

Amigo, sei que outros virão quando partirmos. Sei que o que fazemos é pouco, perto do tanto que há de vir. Não vou me ajoelhar por conta do julgamento que fazem aqueles que se incomodam comigo. Não me arrependo de nada do que fiz para ajudar meus irmãos a serem melhores. Consegui vencer a vaidade que espera o aplauso. Nada de aplausos. Meu ofício vai além. Na solidão das madrugadas em que preparo a terra e lanço a semente, muitas vezes, não há ninguém; em outras, há algum trabalhador também cioso de seu ofício. E, mesmo assim, eu o exerço. Sem aplausos. Sem vaias. Sem percepções alheias. E a terra recebe meu afeto e percebe minha intenção. Algumas vezes, fiquei em êxtase diante de novas vidas surgindo. Fiz isso com pessoas também. Retirei alguns véus e mostrei, no lago, a face envergonhada de quem tinha medo de se revelar. Parti decidido, para evitar partidas. Encontrei gélidas recepções, mas, como estava aquecido, elas não foram capazes de me desencorajar. E, no calor de outras, tentei ser ponderado, até porque as opiniões vão e vêm, como as estações.

E, chegando ao fim, conheci você. Conheci alguém que também estava pronto para partir, só que cheio de ressentimentos. Vi que esses ressentimentos fazem parte apenas de uma crosta. Aprendi que crostas como essa se retiram com cuidado, para não machucar. Você estava machucado, meu amigo, como talvez eu esteja. Machucado com os sobressaltos, com as indesejáveis surpresas dos que tentam deturpar o que somos. Quando escrevi para animá-lo, confesso que o fiz também para mim. Os conselhos que lhe dei foram aqueles de que eu precisava para enfrentar as injustiças todas. Como doem as injustiças, More, como doem.

Já criança, tive algumas frustrações, coisas de menino. E era muito inquieto e fazia perguntas sobre perguntas e mais perguntas. Carecia de atenção, o que talvez tenha me ajudado a dar atenção aos outros. Éramos eu e minhas dúvidas. Por que isto, por que aquilo? De onde viemos? Para onde vamos? O que estamos fazendo aqui? Essas eram algumas que eu apenas repetia, sem respostas, quando me ensinaram que mais importante do que responder era perguntar. Será? E surgiram outras perguntas. Por que a violência? Por que a maldade? Por que a injustiça? E outras, mais concretas. Por que um irmão é capaz de destruir o outro irmão? Por que um pai espanca o filho? Por que um homem humilha sua mulher, com quem divide o mesmo teto por anos e anos? Por que as pessoas mentem? Por que a falsidade está tão presente nas relações humanas? Por que o poder exerce um fascínio capaz de qualquer ação horrenda para sua manutenção? Por que as pessoas acham que amar e fazer o bem é ingenuidade?

Amigo, parto cheio de dúvidas, mas com algumas certezas, mesmo que provisórias. Ninguém consegue ser feliz fazendo infeliz o outro. Talvez porque, na arquitetura de nossa criação, tenhamos sido pensados e feitos com a necessidade real de conviver. É estranho pensar que uma criança, com toda a inteligência potencial que tem, seria capaz de sobreviver sem cuidados, ao passo que um peixe, assim que nasce, torna-se praticamente independente. Dependemos uns dos outros e, por isso, nenhum mal é feito impunemente. Longe de mim achar que os tribunais são dispensáveis. Mas há um tribunal que está além deles e que faz parte de cada pessoa humana. Os que pisam nos outros pisam em si próprios. Nunca vi ninguém feliz depois de uma injustiça praticada. Euforia não é felicidade. Discursos de vencedor não convencem. Isso vale para a política. Isso vale para a vida.

A política, amigo querido, é uma necessidade. Pessoas convivendo com pessoas e cuidando da cidade, espaço privilegiado da vida. A política é arte, porque requer inspiração, poesia, sensibilidade. A política é ciência, porque requer estudo. Não se improvisa um estadista. Constrói-se uma trajetória, com cuidado e com perseverança. Arte e ciência. Emoção e razão. E tudo isso, em busca de um ideal. Não há política sem esperança. Somos arquitetos da esperança quando incomodamos aqueles que estão à margem. Todos têm vocação para ser protagonistas e é assim que age um bom político. Não quer uma legião de servos, dependentes; ao contrário, quer mulheres e homens livres, capazes de ser condutores. Protagonistas, sim.

Acusam-me de ser corruptor. Não. Corruptores são os que mantêm distante do conhecimento uma massa de pessoas capazes, convencendo-as de que são incapazes, quando lhes falta apenas oportunidade. Sou um inquieto. Seja com a terra, seja com as pessoas, minha vocação é a de semear. Apenas isso. Ou melhor, tudo isso. E, semeando, eu tenho utopias. E, semeando, eu sonho. Porque, amanhã, não estarei aqui, mas as sementes que escorregaram das minhas mãos e as palavras que brotaram das minhas melhores intenções poderão compor outro cenário.

Assim, despeço-me, com a ilusão, talvez santa, de permanecer.

Sócrates

É preciso superar a ânsia do aplauso.
O outro só terá significado quando eu der
a mim mesmo significância. Sem isso, as
relações são perturbadoras.
O desejo não pode sufocar a consciência.

Décima segunda correspondência

Querido Sócrates,

Por que a despedida é tão mais estranha que a chegada?

Ontem, estávamos apenas nos conhecendo e, hoje, despedimo-nos. Encontros são promessas. Despedidas, nem sempre. Abandonamos as possibilidades por alguma razão. Desistimos porque perdemos ou as forças, ou a vontade, ou a vida. E, algumas vezes, desistem por nós. E a nós pouco resta nesse caso. A acusação que fazem a você é injusta e eu nem precisaria lhe dizer isso. O tempo dirá o quanto estão errados aqueles que querem se livrar de você. Eu também fui condenado. E tantos outros. Nem a maioria nem a minoria têm o direito de condenar quem pensa de modo diferente ou quem age de modo diferente.

É preciso superar a ânsia do aplauso. O outro só terá significado quando eu der a mim mesmo significância. Sem isso, as relações são perturbadoras. O desejo não pode sufocar a consciência. Há tantos recursos mesquinhos de quem projeta no outro o que não tem coragem de viver... A virtude é o contrário disso. A virtude é uma qualidade moral ou intelectual que nos leva a agir visando ao bem.

Quando você falou das exceções, fiquei pensando nos exemplos. A virtude, que é essencial ao político, vem do aprendizado e do exemplo. O saber da virtude não é apenas discursivo, é prático. Aprende-se a construir construindo. Aprende-se a tocar um instrumento tocando. Aprende-se a ser justo sendo. E é a virtude que proporciona a felicidade.

Quando entrei na política, tinha a convicção de que os Estados existem para as pessoas. Sabia que a política seria inútil sem a virtude dos homens. Sabia, pelos exemplos e pelas leituras, que é o valor individual que dá vida ao coletivo. E é esse valor que dignifica a construção social, que garante a continuidade do aprendizado. Somos bons para formar o grupo, e o grupo se forma para garantir que sejamos bons.

Não há política sem ideal. E o ideal é como a esperança. Não se define, vive-se. O ideal nos eleva. Retira-nos do emporcalhar das competições e nos faz maiores. E, do alto, vê-se com vagar. E, do alto, percebe-se melhor o que há e o que deve ser feito. E, quando se cai, é preciso levantar-se. Como em todas as atividades nobres. Quem erra precisa corrigir o erro. Na política, isso é ainda mais necessário. Não se pode destruir os que nos acompanham, os que de nós precisam como exemplo a ser seguido. Se somos feitos de uma matéria que nos sujeita ao erro, somos feitos de uma mesma matéria que nos permite o acerto. Que não erremos no essencial, no que diz respeito à vida, à vida digna. É indigno tratar o outro como objeto. O povo jamais pode ser visto assim. É o que o conceito de protagonista revela, mais uma vez. O que você fez, Sócrates, foi enxergar o que muitos não enxergam. A inteligência está em todos. A cidadania, também. Precisamos virar a página e avançar, em uma história que acolha antes de julgar. Precisamos escrever um texto novo. Personagens desfilarão aqui e lá com liberdade, sem medo de ser diferentes. Vidas serão tratadas com respeito. Esta é a palavra que precisamos decorar e aplicar e viver com os outros e conosco: respeito.

A política é a possibilidade da convivência humana com respeito. Sem a política, estaríamos condenados à solidão, à ausência de amor. E não resistiríamos. É esta a pior condenação que alguém pode sofrer: não amar e não ser amado. É esse o perigo que nos ronda quando nos distanciamos da nossa essência.

Na minha vida política, preocupei-me em não lidar com coisas pequenas, mesquinhas, para não ficar pequeno, mesquinho. Limpar a sujeira não significa se sujar. É possível e é necessário limpar, sem preguiça nem medo, o que outros sujaram. E, além disso, ter a coragem de ser diferente. Tempos virão em que os homens serão respeitados apenas por sua natureza, e não por suas aquisições ou por seu exibicionismo. Você não será condenado. Nem eu. Não outorgamos aos desesperados esse poder. Deixe que nos julguem. Deixe que se sintam revestidos de algum poder. A inveja impossibilita-os de conviver conosco. E, aqui, faço uma ressalva e agradeço sua correção. Seria injusto dizer que todos os políticos são invejosos. Em minha utopia, moram, ainda, muitos sonhos. Alguns estavam adormecidos, mas sua boa ironia os despertou. Você chegou manso e me fez ver que, na cidade ou no campo, é preciso arar e esperar o tempo da semeadura. Quisera eu ter sido um lavrador, um camponês. Quisera você ter sido um professor, um político, quem sabe. As ocupações são tão importantes quanto as intenções. O exercício de uma atividade é tão nobre quanto a atividade. O político não é diferente. Não nasce de outro universo, com menos ou mais erros. É fruto da mesma espécie de todos os homens sujeitos a equívocos. O político deixa algum conforto para se fazer pronto para a batalha, como um soldado, um valente soldado.

Amigo, quando estava no poder, sofri as intempéries dos que reclamavam atenção. Fofoqueiros querendo desestabilizar minhas ações. Sofri os julgamentos injustos dos que me julgavam, a partir da inação que julgavam que eu tinha com seus desejos. Ora, a política não serve para minimizar o desejo deste ou daquele. A política vai além. Cuida do todo. Sofria comentários maldosos quando fui deixando o poder. Era como se mais um perecesse e eles continuassem. As portas se fecharam. E eu já estava descartado. Vi, ao longe, o estrago à minha memória. Recusei-me a vestir o personagem que eles ousaram escrever. Então, era preciso outro artista. Envelheci saboreando dissabores. Errei também. Não soube abstrair e reinventar minha própria vida. O que acusei nos outros senti em mim. Também eu estava fascinado pelo poder e também eu me acostumei aos aduladores hipócritas. E, por mais incrível que possa parecer, eu sentia falta do poder. E isso me envergonhava. Eu queria ser lembrado. Não era uma lembrança apenas de alguém que esperava ser respeitado. Eu queria ser considerado um líder. Que me reconhecessem assim. Errei, sim, amigo. E sorvi o sabor da minha derrota.

Mas o tempo foi meu grande aliado e os anos foram trazendo a suavidade necessária. Vivi a dualidade da esperança e do desprezo pela convivência. Não conseguia encontrar um meio-termo, até que aprendi a conviver comigo. Com as minhas dores. Com os erros que cometi e com os valores que não negligenciei. E isso faz toda a diferença. Olho para trás e sorrio, com sabor de vitória. Não traí meus ideais. Não usei as tais maquiagens que tanto denunciei. Fui eu mesmo. Inteiro. Vivi sem esconderijos e, se sofri, mostrei meu sofrimento. Não posei com falsidade para que imaginassem que eu estava bem. Meus tombos puderam ser assistidos. Caí em pé. E, em pé, permaneci. Você tem razão. O poder não corrompe o homem. O homem é que corrompe o poder. O poder apenas revela o homem. Revela sua maturidade para o exercício ou sua mesquinharia em busca das benesses.

Todos os homens sonham com o poder, e isso não é ruim. É natural. É preciso apenas entender o que é o poder. Ouso explicar: o poder é a possibilidade de fazer o bem. É a intervenção que muda o curso do erro, que corrige a injustiça, que devolve o sonho, que oportuniza espaço aos que estão alijados por alguma razão. O poder protege quem mais precisa e instrumentaliza todos para que sejam protagonistas. É essa a minha utopia. Que ninguém fique para trás. Que ninguém sirva de escada ou de caminho. Minha utopia é a de que não nos acovardemos diante do que vemos. Chegar ao poder e se acostumar com ele e não ousar um novo mundo é covardia. Há necessitados por todos os lados. Há uma terra sequiosa de lavradores, de semeadores. O trabalho que dignifica é aquele que não luta contra a consciência para justificar o injustificável. É indispensável trabalhar e produzir, para que o mundo continue alimentando de esperança seus filhos – os de hoje e os que virão. É preciso um sentido nobre ao trabalho que fazemos, uma lição cotidiana de amor. É o amor que faz da política uma arte sem limites. É o amor que faz do político um estadista. A ausência de amor faz com que a ação política se resuma à busca de prazer e aos interesses. A presença do amor faz do político um forte, um valente, um obstinado, um inquieto.

Sócrates, seus companheiros de semeadura vão se lembrar de seus exemplos. E os filhos deles também. E os filhos dos filhos deles certamente. Tenho essa impressão com relação ao que vivi. Alguma ideia ficará. Alguma semente germinará e é isso que me faz não temer a morte. Demos sentido à vida.

Na despedida, ficam as lembranças. O pedreiro que parte para outra construção olha para trás e se orgulha do que fez. Nos tijolos, no cimento, na edificação, ficou aquilo com que ele pôde contribuir. E aquele espaço haverá de acolher histórias de vida. Assim acontece com um professor. Lembro-me dos alunos que por mim passaram e dos sonhos que arquitetamos juntos. Um pouco de mim foi com cada um deles. E assim acontece com os políticos. O que levamos? As lembranças e a boa convivência com a consciência. Essa não nos abandona nunca.

Foi bom tê-lo conhecido no entardecer da minha vida.

Thomas More

Este livro foi composto em Bembo
para a Editora Planeta do Brasil
em outubro de 2011.